禪茶三味

王端正 著

作者簡介：

現任佛教慈濟慈善事業基金會副總執行長暨慈濟人文志業基金會執行長，《經典》雜誌發行人。畢業於國立政治大學新聞研究所，曾任記者、採訪主任、總編輯。榮獲1983年全國十大傑出青年、1982年金鼎獎新聞編輯獎、2000年金鼎獎雜誌編輯獎。

皈依上證下嚴法師，法號思熙。

著有《月映千江》、《惜緣》、《微觀人生》、《生命的承諾》、《生命的風華》、《攀登人生大山》、《生命的活水》等書。

序

語默動靜體安然

禪，是一種信仰，也是一種修心養性的方法；是一種心靈的沉澱，也是一種生活的態度。千百年來有關禪的話題代代不斷；對禪的體悟也人言人殊，但不管如何，現在，「禪」，已不再僅是宗教裡的一種修為方式，更是日常生活中的一種品味，歷經千百年來的演化，禪已走入庶民群眾的行列裡，走進現實生活的領域中了。

開門七件事，柴、米、油、鹽、醬、醋、茶，在庶民生活的七件事中，茶雖然敬陪末座，但現在時空環境不同了，老百姓生活的品味與品質也發生變化了。茶，儼然已成為不可或缺的必需品了。禪與茶既然已趨庶民化與生活化，兩者的結合自然是順理成章的事。何況禪與茶早在千餘年前就已情投意合，暗通曲款了。

通常在一個相對安定與富裕的社會裡，人民對生活品質與品味的要求就相對重視了。而禪，講究的是「清寂精行」；茶，講究的是「和敬儉德」，現代人既然開始在生活上追求一種優雅的品質與怡然的品味，正好給禪與茶提供了共生共榮的土壤與條件，這就是為什麼近十年來有關禪與茶的書籍與論著越來越多的原因。

「禪體茶用」是千百年來禪茶並論的主流思惟。禪者主張「親觀實證，真參實修」，只有透過自己的親自參與，才能了悟人生的冷暖與虛幻，洞澈宇宙的生滅與無常。否則，再多的語言與文字都難以表達內心深處那份感動與真實。茶道的精神也和禪修一樣，茶人儘管對茶色、茶香、茶味講得頭頭是道，但不親自浸潤其中，不親自品茗一番，又哪知那種刻骨銘心，難以言說的感覺。

禪與茶都強調靜與定，強調戒與慧，強調繫念於寂靜，制心於一處，攝心於平和的境界。於是品茶時靜謐幽雅氛圍的營造固然重要，但茶人致志於平靜與專注的禪思與禪境中更為重要。

所謂「法不孤起，仗緣方生」，意思就是說無論內修與外行，都離開不了因緣，正是「因緣所生法，我說即是空」的證解。禪境與茶韻也是一樣，緣起了，不必抗拒，緣滅了，不必緊攀，只要內心保持清淨靈明，任憑外境流轉，都能體用無殊，都能怡然自得，都能安然自逸。

「知止而後有定，定而後能靜，靜而後能安，安而後能得。」止息一切妄念，才能觀察一切真理，這都與禪修與茶道講求的專心一境，繫念寂靜，把握當下的精義不謀而合。「隨緣不變，不變隨緣」，萬緣放下了，物我一如了，剎那即成永恆，永恆也是剎那了。

禪宗有這麼一則公案：

溈山禪師摘茶次，謂仰山云：「終日摘茶，祇聞子聲，不見子形。」

仰山撼茶樹。

師云：「子祇得其用，不得其體。」

仰山云：「未審，和尚如何？」

師良久。

仰山云：「和尚祇得其體，不得其用。」

師云：「放子三十棒。」

仰山云：「和尚棒，某甲喫，某甲棒，阿誰喫？」

師云：「放子三十棒。」

這是一則藉茶喻禪的公案，或許不少人對這則公案，如霧裡看花，飄渺朦朧，似知未知，似解未解，不知道溈山與仰山師徒的葫蘆裡究竟賣的是什麼藥。

其實這則公案想要表達的意思很簡單：溈山禪師知道他的弟子仰山過於注重現象界的「相與用」，忽略法界中的「理與體」，所以透過師徒採茶之際，溈山禪師想點醒仰山證入體性法門。但禪又是「不立文字，直指人心」，既然不好用語言直接點破，只好用肢體的語默動靜，以心傳心，希望仰山能夠印心契悟。

溈山禪師對仰山說：「整天採茶，只聽到你的聲音，沒有看見你的形體。」意指仰山滯於相用，偏廢體性。

仰山以搖動茶樹作為回應。也就是用撼樹的方式，表示「用」在其「體」，「性」在「相」中，不是沒有體性。

溈山禪師則說：「你還是僅達到相用的境界，沒有悟到理體的境界。」

仰山問說：「那麼，師父您呢？您又如何呢？」

溈山禪師沉默很久，沒有作任何隻言片字的回應。暗指所謂的體性是：「當下即是，動念即乖」，只有直契本心，才能了悟禪理空性。

但仰山對師父的沉默，卻有一番自己的解讀，說：「師父，您只得到理體空性，忽略了相用（現象與作用）了。」也就是說仰山認為溈山禪師僅「住空守寂」，不懂得發揮相用。

溈山聽後說：「給你三十個大板。」用三十個大板的棒喝，指出仰山還是執著於「有為法」，始終不能了悟自性，不能悟入「無為法」。

仰山不以為然地又說：「師父，您給了我三十個大板的棒打，不知道我這三十個棒打要給誰？」

溈山禪師也毫不客氣地說：「再多加你三十個大板。」認為仰山「迷上加迷，執上加執」必須再加猛藥，再多棒打，總盼仰山能內外渾然，心境一如，體用無殊，既不滯於有，亦不滯於空，達到「真空妙有」的境界。真空妙有的境界，就是禪與茶所要契入的境界。所謂「禪茶一味」，所謂「禪茶三昧」，無非就是在詮釋這個道理，達到這種境界。

又有這麼一則禪門軼事：

一次，奕堂和尚聽到室內晨鐘的聲音宏亮清脆，聽了令人神清氣爽，便問身邊的僧人說：「誰在敲鐘？」僧人回答：「是悟由。」

奕堂和尚於是把悟由小和尚叫來，並問他：「你今天是用什麼樣的心情在敲鐘？」

悟由說：「沒有什麼特別的心情，只是用心敲就是了。」

奕堂和尚說：「你的鐘聲告訴我，你敲鐘時的心情與感覺不同於平常，鐘聲清亮，難得一聞啊！」

悟由說：「真的沒有什麼特別之處，我只是『敬鐘如佛』，虔誠恭謹，專心致志，一聲一聲的敲，心中沒有一絲的雜念罷了。」

奕堂和尚很受感動，除了稱許小和尚的感悟之外，並告誡所有在場的僧人們說：「終生處萬事，勿忘今朝心。」

心清淨了，說出來的語言就清純乾淨：心純美了，看見的萬事萬物都典雅美麗。所以讚嘆別人，就是讚嘆自己；善待別人，就是善待自己；辱罵別人，就是辱罵自己；虐待別人，就是虐待自己。一切唯心造，一念成善惡，悟由小和尚可說是善於敲鐘的人，而奕堂大和尚可說是善於聽鐘的人，只有善敲者與善聽者相遇了，鐘聲優美與嘹亮的價值才能發揮得淋漓盡至，禪茶之道無他，亦如此而已矣！

本書出版過程，可說一波三折，原因有三：其一是本書大部分篇章寫於十九年前，十九年後的今天要整裝面世，實在有點忐忑與猶豫，因為時代在變，社會在變，思潮也在變，老文章是否能夠適應新土壤，或者新土壤是否能夠接受老文章，確實有些疑慮。其二，本書寫禪道，寫茶史，寫茶趣，內容偏於概念性的思惟與意境的闡述，都必須慢讀細究，才能讀出它的品味，悟出它的韻律。而現在社會步調加快了，新世代偏好「快讀簡思」，本書十九年前慢步調的文風，是否能跟得上年輕人慣於上網瀏覽的快節奏，也不無猶豫。更何況，這十多年來，談禪論茶的著作推陳出新，圖文並茂，舊版新著，汗牛充棟，本書的出版是否會落個趕流行、湊熱鬧之嫌，心中還是有些掛礙。只因為有這些猶豫與掛礙，讓束之高閣近十九年之久，幾乎被遺忘的文稿，遲遲未能付梓。

最近，《經典》總編輯王志宏數度力勸並催促出版，我仍以顧慮未除為由，再三婉拒。但王總編輯卻鍥而不捨，認為無論老式或新款，總各有其支持者與喜歡者，就像搖滾流行樂曲，雖然是新世代的寵兒，但管絃古典樂曲卻也不至成為社會的棄嬰，他們都各自擁有屬於自己的一片天，何不讓出版界百花齊放，讓禪茶界百家爭鳴呢？

一語點醒夢中人，王總編輯的一席話，讓我的念頭轉彎了。掛礙放下了，態度也就轉換了，心想：本書只涉禪思與茶韻，不涉老樣與新款；只涉理體與相用，無關舊風與新潮。更何況，如果透過舊認知與新思維的相互碰撞，或許也能碰撞出些許光彩耀目的火花，妝點些人世間的美麗與不足。再說，抽象思維的論述，有時固然令人費解，但對現實生活的事用，未必沒有啟迪的價值與幫助。談禪論茶雖然現在已然蔚為風尚，但如果能夠溫故知新，哪怕僅在風華正茂的浪潮裡激起少許的泡沫，一點點的水花，也算是見證了時代的浪潮，也算投入了波濤壯闊的歷史長河，不至有缺席的遺憾。

有了這樣的轉念，才促成了本書的出版，「文章千古事，得失寸心知」，本書的出版因緣如斯，作者的用心如此，知音難覓但可得，如同奕堂老和尚的善聽與悟由小和尚的善撞，鐘聲的美妙與價值，就在善撞與善聽之間的微妙契入而已。

目次

禪

茶

禪語

一箭尋常落一鵰

——達摩「廓然無聖」

梁武帝問達摩禪師：「如何是聖諦第一義？」摩云：「廓然無聖。」帝曰：「對朕者誰？」摩云：「不識。」帝不契，達摩遂渡江至魏。

達摩禪師以「廓然無聖。」回答梁武帝「如何是聖諦第一義」的問題時，不僅梁武帝為之愕然，所有在場的人也都議論紛紛，直到千百年後的今天，研究禪學的人還要對這個公案爭相詮釋。

這則「廓然無聖」的公案，古來論者頗多，體會各異，由於每個人的根機不一，成長過程與文化背景有別，對公案的體悟也就千差萬別。這裡只舉端和尚對該公案的評論偈語稍作理解。

端和尚對達摩禪師「廓然無聖」的公案評論道：

一箭尋常落一鵰，更加一箭已相饒，直歸少室峰前坐，梁主體言更去招。

這首以偈語形式出現的評論，乍看之下，讓人有霧裡看花的感覺，但在朦朧中似乎又能看出一些若隱若現的意涵。

禪宗為了「破執」，在經典中不斷闡明「非有、非無、非非有、非非無」的理念，當梁武帝問達摩禪師：「如何是聖諦第一義」時，就表示梁武帝已不知不覺落入了凡聖的分別執著裡，所以達摩禪師才答以「廓然無聖。」目的是要破梁武帝對「聖」的執著。

可惜梁武帝對「聖」的執著已深，不能理解達摩的苦心，於是又問：「對朕者誰？」

這又顯示梁武帝有凡與聖的執著外，又有帝王將相，平民百姓的分別心，總覺得自己是帝王，有別於尋常百姓，硬逼達摩承認有「凡」與「聖」這一事實。

但達摩還是不為所動，再度無情地說：「不識。」

事情演變至此，事理應該是很明顯了，但梁武帝仍然無法醒悟，達摩禪師以因緣不契，只好渡江而去，最後落腳少林寺，面壁苦修。

了解這段公案原由，回過頭來再看端和尚的上述偈語，就比較能夠知道其中所要表達的意涵。

利箭破執　梁皇悟遲

「一箭尋常落一鵰，更加一箭已相饒」，意味達摩禪師的「廓然無聖」，就像一枝「破執」的利箭，依常理，這一枝臂力千鈞的利箭，應該可以射落千層萬層的執著，但事實不然，梁武帝似乎對這枝利箭視而無睹，聽而不聞，仍然執迷不悟，硬要再問：「對朕者誰？」於是達摩禪師慈悲心切，不惜再發一箭：「不識」。對達摩禪師來說他已經仁盡義至，已夠慈悲了。可是對執凡執聖，執有執無的梁武帝來說，還是不知達摩禪師的心意落處。等到達摩渡江而去，梁武帝在志公的提示下，才趕緊派人想把達摩找回來，但為時晚矣，達摩禪師就像一條縱入大江大河中的大魚，飄然悠游而去，不再回頭了。

有關達摩禪師的傳奇，向來被佛教禪者津津樂道，透過武俠小說的渲染，達摩似乎成為「前無古人，後無來者」，出神入化，武功蓋世的異人了。

達摩禪師確實是一位曠世奇才的修行者，他的「奇」不在於傳說中的武功成就；而是在於他開創了有中國文化特色的禪宗。

達摩禪師與梁武帝話不投機，飄然南渡後，一路行來，知音者少，修禪者稀，最後落腳河南嵩山，並在嵩山少林寺面壁苦修，並收了禪宗二祖慧可為徒，傳續了禪宗法脈。

有關達摩禪師的傳奇故事不勝枚舉，其中真假、虛實已難考證。即使緣盡入滅後，各種神奇傳說仍然層出不窮。

關於達摩的死，民間最流行的傳說是：

後魏光統律師菩提流支三藏和達摩禪師論道，達摩禪師針對菩提流支三藏的議論，「斥相指心」，而引起菩提流支三藏的不滿，所以「競起害心，數加毒藥」想毒死達摩，而達摩卻也數度化險為夷，一直到第六次，達摩自知俗緣已盡，傳法得人，「遂不復救，端居而逝，葬於熊耳山定林寺。」

本來達摩禪師的一生，至「端居而逝，葬於熊耳山定林寺」，就應該劃上圓滿句號了，卻偏偏又有傳說：

後魏宋雲奉使，於蔥嶺遇師手攜隻履，向西而往。

於是達摩禪師死而未死的傳言喧囂塵上，更增添達摩禪師的傳奇性。不管達摩禪師是遭毒害而死，以及是否死而復生，梁武帝在追憶與達摩會面的一段因緣後，自撰碑文云：

嗟夫！見之不見，逢之不逢，遇之不遇，今之古之，怨之恨之。

字裡行間，梁武帝的百感交集，可想而知。又有偈云：

心有也，曠劫而滯凡夫；心無也，剎那而登妙覺。

只因不契達摩「廓然無聖」的用意，梁武帝錯失了向一代宗師進一步請益的機緣，梁武帝自怨自艾，從碑文、從偈語裡表露無遺。可見「廓然無聖」一四字，何等臂力千鈞。

禪宗五祖弘忍禪師曾說：「只這廓然無聖，若人透得，歸家穩坐。」千百年來不知有多少人能參透這四個字而豁然開悟，也不知有多少人掉入這四個字的葛藤中而跳脫不開，諸君不妨一參！

一塵才起大地全收

——俱胝和尚只豎一指

俱胝和尚凡有所問，只豎一指。

這「只豎一指」四個字，不知讓天下多少人的舌頭打結，也不知讓天下禪子寫下多少議論文章。

禪師度人，依個人風格的不同，往往採取各自的獨特方式。但基本的共識是「言語道斷」。也就是說，一用言語，所要傳授的「道」就乖離了，每用一次言語，「道」就受到一次的扭曲與變形，因此，尋常禪師度人盡量不用言語，盡量透過各種非言語的動作或情境，或盡量使用不直接道破的譬喻與朦朧的詩句偈語，達到「以心傳心」的度人目的。

俱胝和尚在答覆任何人所提出的問題時，都「只豎一指」。究竟他所豎的這一指，代表什麼意義？俱胝和尚要傳的心印又是什麼心印？千百年來，禪者為這「一指」耗盡畢生心力，他們殫精竭慮，想解開這「一指禪」的謎。

其實，這「一指禪」並沒有什麼太深奧的道理，只是大家把俱胝和尚「凡有所問只恕一指」的直潔禪思深化、玄化與複雜化了。

《五燈會元》記載：

婺州金華山俱胝和尚，嗣法杭州天龍和尚。曾及至遷化謂眾曰：吾得天龍一指頭禪，平生用不盡，要會麼豎起指頭，便脫去。

意思是說：他從天龍和尚那裡得到一指禪，這一指禪讓他一生受用不盡，只要能了悟這一指禪的禪意，便能跳脫各種煩惱糾葛，得大解脫、大自在。於是俱胝和尚的「一指禪」在禪宗裡便佔有了一席之地。而他「一指禪」禪風之所以形成，也有一段精采的傳奇過程。

執離情境　反離佛心

傳奇的故事是這樣說的：俱胝和尚，初住庵時，有一比丘尼名「實際」到庵，直入禪堂，不僅不摘下戴在頭上的斗笠，還持錫遶禪床三匝說：「道得即下笠。」連續問了三次，俱胝都無法回答。

比丘尼看俱胝和尚沒有回答，便準備離去。這時俱胝和尚說：「天勢稍晚，且留一宿。」

比丘尼說：「道得即宿。」

俱胝又無對。於是比丘尼便離去。

等比丘尼離去之後，俱胝和尚感嘆的說：「雖處大丈夫之形，而無大丈夫之氣。」遂發憤要究明此理，因此打算離庵，尋找明師參學。

俱胝打點好了行李，準備隔天一大早離開，就在當天晚上，夢見山神告訴他：「不須離開這裡，來日有肉身菩薩，為和尚說法。」

果然次日，天龍和尚到庵，俱胝趕緊出面迎接，並把前事述說一遍，請天龍和尚指點。

天龍和尚聽了俱胝的陳述，一言不發，只對他豎起一指。

俱胝看了，頓時大悟，是因為當時分別執著，被境所轉，迷失了人人本具的佛性，所以「桶底易脫」，無法破解實際比丘尼的一問。天龍和尚的這一豎指點出他的迷津，讓俱胝受益匪淺，後來凡有所問，俱胝都「只豎一指」回應。

從俱胝和尚得「一指禪」了悟到他「當時鄭重專注，所以桶底易脫」。「鄭重專注」，我們易懂，而「桶底易脫」，又是什麼含意？

據說俱胝庵中有一童子，看到俱胝和尚凡有所問，皆豎起一指回應，耳濡目染下，也有樣學樣地，凡有人問他：「和尚尋常以何法示人？」童子以豎起指頭作為回答。

童子對自己學師父豎起一指的表現，洋洋得意。回到庵裡，就把這件事告訴了俱胝。俱胝聽了，不僅沒有誇讚他，反而拿起刀來，斬斷他的手指。童子手指被斬，痛聲大哭，朝門外奔跑而去。這時，俱胝和尚叫喚童子的名字，童子聽到叫喚，停步回頭，俱胝見童子回頭，立即豎起指頭，童子看了豁然領解。

為什麼這「豎一指」，只許俱胝豎，不許童子豎？又為什麼童子被斷指後，忽聽俱胝叫喚，回頭看見俱胝豎起指頭，會豁然領解？童子究竟領解了些什麼？如此「玄之又玄」的重重問題誰又解得？

現在，我們就冒「言語道斷」的大不韙，來探討俱胝和尚「一指禪」的神秘玄旨吧！在探討這則有名禪宗公案之前，我們不妨先看這段話：

一塵舉，大地收；一花開，世界起。只如塵未舉，花未開時，如何著眼？所以道：如斬一綟絲，一斬一切斬；如染一綟絲，一染一切染。只今便將葛藤截斷，運出自己家珍，高低普應，前後無差，各各現成。

這一段話，或許可以作為「一指禪」的註解，但不能作為「一指禪」的全部意涵。

我們說它可以作為「一指禪」的註解，是因為這段話有助我們對「一指禪」意涵的了解，具有指路的作用。

至於「一指禪」精神的全部，只有靠每個人用心去體會了。利根器的人，或許能夠將自己的心和千百年前的俱胝和尚的心緊緊相印，這個時候「一指禪」的精髓，就在心中了然映照了。

對於「豎一指」的解釋，言端語端，由來多種，各說各話，最普遍的說法是：

無邊剎海，歸之不隔毫端；十世古今，始終不離這箇。

也就是說「宇宙歸納起來只是一粒沙、一根毫，亙古以來，人始終不離這一個。」這一個又是什麼？

就是「道」。

「道」又是什麼？

就是「真理」。

所以要了解「一指禪」的玄機，千萬不能專注在指頭上去理會，否則就辜負俱胝和尚的用心了。

了解了俱胝和尚「一指禪」的用意，才能進一步體會俱胝和尚所要表達的心法。體會了俱胝和尚的心法，才能領悟「一塵起，大地收；一花開，世界起」，高低普應，前後無差，心佛眾生，三無差別，各個現成的道理。

圓悟禪師說：

一毛頭獅子，百億毛頭現圓明道。寒則普天普地寒；熱，則普天普地熱。山河大地，下澈黃泉；萬象森羅，上通霄漢。且道是什麼物，得恁麼奇怪？若也識得，不消一捏；若識不得，礙塞殺人。

是什麼東西能「寒則普天普地寒，熱則普天普地熱」？是什麼東西能「一斬一切斬，一染一切染」？是什麼東西能「下澈黃泉，上通霄漢」？知道了，不消一捏，不值半文；不知道，不僅礙塞殺人，而且讓人顛倒妄想，徒生無盡煩惱。

這個能「一斬一切斬，一染一切染」，能「下澈黃泉，上通霄漢」

的東西，就在每一個人的心中，不假外求。所謂「萬法唯心造」，萬法歸於一心，一心就能衍生萬法。所以說：「一塵舉，大地收；一花開，世界起」；所以說：「一斬一切斬，一染一切染」；所以說：「寒則普天普地寒，熱則普天普地熱」。這個道理不是俱胝和尚的發現，是歷代禪師的悟知，點穿了，識破了，的確不值半文；但不點穿、不說破、不悟透，確也礙塞殺人呀！

要顯現這個道理，禪師可以有很多的方式，「豎一指」是個方式；「舉拂塵」是個方式；「一動眉」是個方式；「一投足」也是個方式，只要能直指人心，不一定非執著某一種方式才可。

一處透　千處萬處一時透

有位「打地和尚」，凡有所問，他都以打地一下作答。後來有人故意把他打地的棍棒藏了起來，然後問他：「如何是佛？」打地和尚沒有棍棒打地了，他改以張口回應，問者一樣可以受用不盡。

因此，無業禪師說：

祖師單傳心印，指示迷途，得之者，不揀愚之與智，凡之與聖，多虛不如少實。大丈夫漢，即今直下休歇去，頓息萬緣去，超生死流，迴出常格，縱有眷屬莊嚴，不求自得。

這「單傳心印」的禪理，瀰天蓋地，可謂孤危，又可謂險峻了。無業禪師一生，凡有所問，只道「莫妄想」。這一「莫妄想」，何等清澄；何等靜寂，當然也就能「超生死流」，能「頓息萬緣」了。

「一處透，千處萬處一時透；一機明，千機萬機一時明。」對於俱胝和尚的「一指禪」，如果能作如是體會，不恣意情解，不自設葛藤，則「一指禪」又那裡有深密處？識得，真的不消一捏了。紅塵滾滾，攘攘世間，物慾橫流，社會不安，說穿了，一切都是「人心浮動」。心生，則一切法生；心息，則一切法息。一心生萬法，萬法歸一心。欲治世，必先治心，應該是亙古不變的真理。

雪竇禪師頌「一指禪」公案說：

對揚深愛老俱胝，宇宙空來更有誰；曾向滄溟下浮木，夜濤相共接盲龜。

俱胝和尚用「豎一指」解答了一切問題，清清楚楚、乾淨俐落。宇宙本空，萬事萬物「因緣生、因緣聚、因緣成、因緣滅」，何曾有，又何曾無。如果能用「心包太虛」的襟懷處世，則海闊任魚游；用「量周沙界」的器識待人，則天空任鳥飛，何等逍遙，又何等自在。

煩惱來了，豎一指；喜樂來了，豎一指；因緣生了，豎一指，因緣滅了，豎一指，如果因此而能獲俱胝和尚「一指禪」的箇中三昧，那麼大家不妨凡有問，豎一指吧！

檻前山深水寒

——僧燦至道無難

禪宗三祖僧燦《信心銘》云：

至道無難，唯嫌揀擇，但莫憎愛，洞然明白。

究竟要大家明白個什麼？

既然三祖說「至道無難」，當然是要我們明白無難的至道，但這無難的「至道」又是什麼？「至道」兩字，顧名思義應是至高無上，至大無外，至深無底的道理，換成現代的話語來說，就是指放諸四海皆準，古今

無差，東西無別的絕對真理。

在佛教的哲學體系中，許多經典都不斷的在詮釋「真俗二諦」。一般的說法是：「真諦以明非有，俗諦以明非無」。非有，就是非實存。非無，就是非空無。不論非有、非無、非非有、非非無，都落入兩邊，都非「聖諦第一義」，都非所謂的「至道」。

禪宗「不立文字，直指人心」，就是怕「文辭是一，眾生解異」，「至道」在眾生對語言文字的解異而模糊背離，增添「所知障」的塵埃。為跳過語言文字可能帶來的障礙，避免悟道的過程掉入語言文字的陷阱，所以強調「直指人心」，直接「以心傳心」，接引契理契機的有緣人。

知道禪宗的這項「傳法」特性，再回過頭看三祖僧燦禪師的《信心銘》，恐怕就容易理解多了。

《信心銘》開宗明義說：「至道無難」，清清楚楚，明明白白的指出：瞭解至高無上的真理，並沒有那麼困難。禪宗一直認為「平常心是道」，「道」在吃飯睡覺中，在春花秋月裡，在日常生活上，所以劈柴擔水、舉手頓足、揚眉瞬目，無不是禪，無不是道。換句話說：「至道」普遍存在於每一個人的周遭，存在於我們的身上，存在於我們的心中，和我們是那樣親近，那樣貼切。而一般人卻捨近求遠，不斷往外尋求，於是捨本逐末，越走越遠，越離越偏，以致在紅塵滾滾中迷失方向。

不僅一般人捨近求遠的追尋至道，就連修行的禪師們也是如此。例如：赫赫有名的趙州從諗禪師也曾經為了求「道」而栖栖皇皇地，奔走於名山古剎。一次從諗禪師在前往五台山尋道的途中，一位善知識作了一首偈語送給他，他看了，豁然有悟。該首偈語說：

無處青山不道場，何須策杖禮清涼；

雲端縱有金毛現，正眼觀時非吉祥。

從諗禪師從這首偈語中悟得個什麼？我們不知道，但這首偈語要告訴我們的是：「道」是無處不在的，既然「道」是無處不在，當然任何地方都可以成為悟道的場所，何必非要到五台山去禮拜清涼道場呢？何況信仰必須正知正見，縱使雲端出現金毛異象，在正知正見者的眼中沒有吉祥或不吉祥的分別。

所以，三祖僧燦《信心銘》才劈頭就說：「至道無難，惟嫌揀擇。」一有「揀擇」就否定了「道」的無所不在；一有「揀擇」就加進了個人主觀的分別心。有撿擇，有分別心，就有憎、有愛；有是、有非；有美、有醜；有貴、有賤……，就落入意識情想中；一有意識情想中，就會心生比較、計較；一有比較、計較心，就會著粘遭縛，一旦受到粘縛，豈能得大自由、大自在。

為了「解黏去縛，抽釘拔楔」，剷除心中的荊棘，還我清淨本具的真面目，三祖僧燦才說「至道無難，唯嫌揀擇，但莫憎愛，洞然明白。」

趙州從諗禪師有一次在為大眾開示的時候，曾引用《信心銘》發表自己的感想說：「至道無難，惟嫌揀擇。纔有語言，是揀擇、是明白，老僧不在明白裡，是汝還護惜也無。」

當從諗禪師說完了話，在場有一位禪僧問從諗說：「既不在明白裡，護惜箇什麼？」

趙州說：「我亦不知。」

禪僧追問：「和尚既不知，為什麼卻道不在明白裡。」

趙州輕鬆的說：「問事即得。」然後向佛施了禮，退堂離開了。

看了這則公案，又讓人有「丈二金剛摸不著頭」的感覺。其實，這則公案要告訴我們的是「唯嫌揀擇」的意旨。言語道斷，禪師本來就不應該使用言語傳道，但趙州從諗禪師慈悲心切，為了度化眾生，不惜犯忌，借用語言來「明佛心宗」，但他還是要提醒大眾「才有語言，是揀擇、是明白」。有揀擇，就表示有分別心；有分別心，就有相對的兩面或多面的撿擇，你以為你明白的作了對的揀擇，其實你已落入了對與不對，明白與不明白的揀擇中了。從諗怕禪僧又落入「揀擇明白」的一端，才立即又說：「老僧不在明白裡。」但禪僧不瞭解，卻窮詢猛問：「既不在明白裡，還護惜箇什麼？」趙州只好說：「我亦不知。」這是「破」的功夫，要破「揀擇」、破「語言」、破因語言所建構出來的「明白」假象。

禪僧還是不解悟趙州慈悲破執的苦心，再問：「和尚既不知，為什麼卻道不在明白裡？」於是趙州無奈的說：「問事即得。」意思是要禪僧做該做的事，不要在語言知解上打轉，否則「至道」就很難覓得了。我們不知道這位禪僧最後是否有所開悟，但至少趙州諗禪師已盡到幫他去黏解縛的努力與責任了。

雪竇禪師對這則公案也提出他的看法：

至道無難，言端語端；
一有多種，二無兩般。
天際日上月下，檻前山深水寒。
髑髏識盡喜何立，枯木龍吟銷未乾。
難！難！揀擇明白君自看。

這段話充滿玄機與禪機，但只要摸到要點，抓到癢處，也就不難了解。宇宙虛空，大地萬物，一而萬，萬而一，如果能夠打成一片，依舊

「見山是山、見水是水、見長是長、見短是短、見天是天、見地是地」。只要能夠體會到「一有多種，二無二般」的平等中有分別，分別中有平等，分別與平等是一，也是二，一與二本來就是一體的兩面，難分難捨，相互依存，所以有時可以喚天作地，也可以喚地作天，喚山不是山，喚水不是水，畢究有物渾成，自成一片，何來天地、山水、長短、高低之別，宇宙萬物，原來就是風來樹動，浪起船高，春生夏長，秋收冬藏。懷有平常心與平等心，就能物我兩忘，何有何無，達到「泯然自盡」的境界。

雪竇禪師說：「天際日上月下，檻前山深水寒。」這是極其自然的現象，非常平常的事情，萬事萬物，自然靜寂，何苦喜惡分別，內心自尋煩惱，獨自擾攘？

話說多了，文寫白了，雪竇禪師又怕大家望文生解，聞聲起舞，不是不解，就是誤解或曲解，故再舉「僧問香嚴禪師」的公案，評論說：「髑髏識盡喜何立，枯木龍吟銷未乾。」香嚴禪師答僧問的公案是這樣的：

有僧問香嚴禪師：「如何是道？」

香嚴禪師說：「枯木裡龍吟。」

僧又問：「如何是道中人？」

禪師說：「髑髏裡眼睛。」

僧不能省悟，又去問石霜禪師：「如何是枯木裡龍吟？」

石霜云：「猶帶喜在。」

僧再問：「如何是髑髏裡眼睛？」

石霜說：「猶帶識在。」

之後，這位禪僧又去問曹山禪師：「如何是枯木裡龍吟？」

曹山說：「血脈不斷。」

問：「如何是髑髏裡眼睛？」
曹山說：「乾不盡。」
僧又問：「什麼人得聞？」
曹山說：「盡大地未有一箇不聞。」

從上述公案中，不論是香嚴禪師、石霜禪師或曹山禪師，他們都是為了破揀擇、破粘縛、破憎愛、破一切對立的語言思維，所以才會運用矛盾的事象找出路，在對立的分別之中，找平等無差的一體。「枯木」，代表無；「龍吟」代表有，既然已是枯木死灰了，何來龍吟虎嘯？既是髑髏一堆了，要眼何用？但禪師要表達的就是那種「無而非無，有而非有」的空靈境界，讓人能夠從中得大自在，讓山河大地一一轉歸自己，讓自己與山河大地融而為一，若參得透，見得徹，情與境具忘，那有一物分別！

垂釣四海釣獰龍

——馬祖的驅奪禪機

讀《論語》，讀到孔子說：「吾不如老圃」時，慨然掩卷嘆息，何以一位曠世聖賢會說出「不如老圃」的話！

自古迄今，不分中外，都有「萬般皆下品，唯有讀書高」的偏見，認為只有讀書才是天下第一等人，才能做天下第一等事，明白天下第一等理。

其實，書讀多了，如果不能隨時清除山中的殘渣，消化書中的精華，就會落入知障的框架，掉入情識的泥沼。所謂「書呆子」、「曲士」或「迂腐」就是指「讀死書」、「死讀書」、「讀書死」的人而言。這些人不僅與「道」日遠，甚至「障道」日深。

莊子曾說：「曲士不可語於道者，束於教。」這裡的「教」，指的就是「教條」。食古不化的迂腐讀書人，很難和他探討宇宙間的真理，因為這些讀書人在思維上受到「既存教條」的限制，不容易接受教條以外的東西。這和佛教哲學中所嚴厲批判的「所知障」並無兩樣，所謂「所知障」，就是有嚴重的主觀偏見，總是執著自己所知所見，被自己的知見束縛住，不易接受別人的意見。知識份子一旦有了「所知障」，對於「真理」的追求就會形成一道道的城牆障礙。「至道」確實無難，難的是如何破除牢固不化的「所知」與「分別」的那分執著與揀擇的心態。

英國十八世紀文學家華次渥茲（William Wondsworth）有一首詩，值得我們省思：

大自然有無限的財富，
施捨給我們的心——
由健康而生的慧，
由歡喜而生的真。
從春日林間來的衝動，
比所有的聖哲，
更能教你通達人情，
懂得什麼是善，什麼是惡。
大自然帶來的東西是美的，
我們多事的智謀，
歪曲了一切美好的形式，
我們下毒手加以解剖。

科學與藝術已嫌太多；
闔起那空虛的書本，
走出來，帶著你的一顆
肯觀察，肯接受的心。

「華次渥茲」這首詩的大意，是要我們向大自然學習，學習那種「春生夏長，秋收冬藏」的智慧；那種「春日林間，和風煦煦」的慈悲，那種「含納山川，滋養萬物」的包容；那種「一枝草，一點露」的平等。

我們學佛參禪，要學要參的，也無非是那種大自然的智慧力與慈悲心；包容力與平等心；感恩力與平常心。

禪師們說：「平常心就是道。」平常心是一種無患得患失的心，是運任天真，順其自然的心。

可是自詡為「萬物之靈」的人類，後天薰染習重，無端落入語言思維窠臼，故在生活上千般需索，對人對事上萬般計較，許許多多的分別與揀擇，衍生了許多的愛恨與情仇，徒生了無量無邊的無謂煩惱。

馬祖道一禪師有一次身體欠安，有禪僧來請安：「老師近日尊候如何？」

馬祖道一禪師回答說：「日面佛，月面佛。」

如果不知道馬祖道一禪師這番答話用意的人，可能誤會馬大師答非所問。認為禪僧問的是：「您的身體近況如何？」又不是來問佛問道，為什麼馬祖卻說「日面佛，月面佛」呢？

《佛名經》中記載：賢劫千佛中，第二百零二佛叫月面佛，第八百五十八佛叫日面佛。馬祖的本意絕不是要人在日面佛、月面佛的名相上打轉。因為不管日面佛還是月面佛，橫豎都是佛，都有同一的佛性，是日下月上，日用平常上的永恆，同具的唯一本心。

馬祖要強調的，恐怕是那種不生不滅，不增不減，無來無去，靜寂自在，人人皆有的本心佛性，是日下月上，日用平常上的永恆。不論四大假合的身體是否欠安，本體的佛性還是如如不動，絲毫不變，沒有安或欠安的不同。

馬祖道一禪師這種看似答非所問的度眾方式，相當殘酷，又相當慈悲。殘酷的是：他不願一時道破。要讓禪僧們自己去費神勞心的去體會。慈悲的是：他不願讓禪僧掉入語言文字的陷阱中而徒生意解，有損悟道的機用。

這是一種「驅耕夫之牛，奪飢人之食」的手段，目的要禪師們在思維上能置之死地而後生。以平常心、平等心面對人世間的萬事萬物。

道理是這樣簡單，立意是那樣明確，可是偏偏有人要把簡單的理，複雜化；把明確的事，模糊掉，然後用鑽牛角尖的無明知見，不斷地在語言文字的知解上往前鑽去，以至鑽進了喪身失命的死胡同，還不知回頭。

對於馬祖道一禪師的這則公案，雪竇禪師有頌云：

日面佛，月面佛，五帝三皇是何物；二十年來曾苦辛，為君幾下蒼龍窟。

雪竇禪師當然知道馬祖道一禪師的立意落處，所以在「日面佛，月面佛」之後，立即說「五帝三皇是何物」，就是希望大家不要執著在「日面佛」與「月面佛」的名相上。佛經不斷強調「心、佛、眾生，三無差別」，也就是說：管他是日面佛或月面佛，本性上都和眾生沒有兩樣。就像「五帝三皇」雖然貴為「天子」，但脫掉「帝」、「皇」的名相外衣後，與平民百姓並無不同，何況即使貴為帝皇，死後還不是和尋常百姓一樣，黃土一坏，髑髏鬼窟，有何差別！

「擒賊擒王」，馬祖與雪竇，都有直搗虎穴，直指人心的本事與作為，可惜千百年來，許多學者與禪者都在語言文字上用工夫，其結果，自然是「如猿捉影」，徒勞無功。因此圓悟禪師唱評道：「垂釣四海，只釣獰龍。」也就是說：禪師參禪悟道，是要斬去一切意識葛藤，要直接契入本心，攝受清淨無染無著的本性，否則儘管浪費了二、三十年的時間，辛苦的出入蒼龍窟，最後還是空手而回，流轉生死，於道何益！

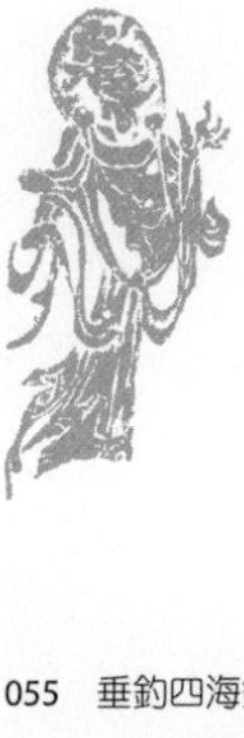

無孔鐵鎚下重楔

——雲門禪師對一說

僧問雲門：「如何是一代時教？」

雲門說：「對一說。」

這則公案，問得很單純；答得也很扼要，但看的人就很模糊了。

雲門文偃禪師，嘉興人，俗姓張，幼年依空王寺志證律師出家，後嗣法雪峰義存禪師，因住韶州雲門山先奉院，故世人稱他雲門或韶陽。

在禪宗史上，雲門文偃禪師，是一代宗師，他的禪風孤峻，別樹一幟。尋常一句中須具三句，謂之「函蓋乾坤」句、「隨波逐浪」句、「截

斷眾流」句，放去收來，自然奇特，頗受當時禪門敬重。

僧問雲門：「如何是一代時教？」

所謂「一代時教」，是指釋迦牟尼佛住世八十年，在三百六十會中，開講頓、漸、權、實的佛理而言。

問雲門的這位禪僧，如果不是庸才，就是天才，否則不會問出這樣漫無天際，教人一時難以回答的問題。而唐時禪僧大都具有「超凡入聖」的手眼，所以我們只能肯定這位禪僧絕對不是庸才，而是一位有意逼人走投無路的天才。

對這樣刁難問題，雲門的回答卻相當乾淨俐落，一點都不拖泥帶水，而且單刀直入，直搗黃龍，讓人再無下口處。

但雲門所說的「對一說。」又有什麼翻天遁地的奇特？直讓問話的禪僧啞口無言，也讓當時所有禪和子讚嘆稱奇呢？

要了解「對一說」三個字的奇特，必先明瞭「對一說」的含意。

「對一說」，謂三乘十二分教也。「倒一說」，謂四十九年一字不說也。釋迦牟尼佛四十九年講經說法，度化眾生無數，到最後卻說四十九年來不曾說一個字，這又是什麼道理呢？

其實，釋迦牟尼佛說法四十九年，演說三乘十二分教，只是要把他心中所悟的那「一」分真理，分享眾生；可惜那一分真理，只能意會，難以言傳，所以儘管佛陀用了四十九年的時間，在三百六十個宣道會中，開講了頓、漸、權、實等法門，都無法把心中所悟的那一真理，貼切而完整的說出來，所以才說四十九年來，未曾說一個字。

禪門中人，往往強調「時節因緣」，又說「教外別傳，單傳心印，直指人心，見性成佛」。禪學者知道「文字本空，言語道斷」，見性成佛，不在文字上，也不在言語中，而在「以心傳心」裡。

當雲門說出「對一說」三個字，有粉金碎石的力量，它不僅「函蓋乾坤」，而且「截斷眾流」。管他是一代時教也好，不是一代時教也罷，橫說豎說，就是在表達他內心所悟的那「一」的真理，三藏十二部經也是在說明那「一」的真理，所以才說「對一說」。

千江有水千江月

禪宗的基本觀念裡，森羅萬象，皆是一法所印。「千江有水千江月，千江水月一月現」，就像「月映千江」的月亮，雖然只有一個，而一月卻能讓千江普映，讓千江都能映出一輪輪的明月。所謂一理透，千理萬理一時透，就是這個意思。

禪僧問「如何是一代時教？」雲門以「對一說」回答，一語雙關。不說「一代時教」，只對「一」說的，強調了「一代時教」的「一」字，這「一」，就是萬佛歸宗的「一」，就是一生無量的「一」。真是出入自在，給人有「一句了然超百句」的感覺。

雲竇禪師對這則公案頌曰：

對一說，太孤絕，無孔鐵鎚重下楔。閻浮樹下笑呵呵，昨夜驪龍拗角折。別別，韶陽老人得一橛。

可見雲竇對雲門「對一說」的回答讚不絕口，認為「對一說，太孤絕」，就像到了百丈懸崖，空前絕後，即使有百萬軍陣，也無你入處。問話的禪僧雖是位行家，所問的又是那樣無孔難入，但「對一說」還是能有「無孔鐵鎚重下楔」的作為，讓人無脫身之處。

而對這則「對一說」公案，圓悟禪師的評論是：

如何是一代時教，只消道箇對一說，若當頭薦得，便可歸家穩坐；若薦不得，且伏聽處分。

不知看家薦得不薦得，自問看。

明鏡臨台，胡來胡現

——倒一說，騎賊馬趕賊

僧問雲門：「不是目前機，亦非目前事時如何？」

雲門云：「倒一說。」

這則公案和前一則有異曲同工之妙，如果把前則公案說成「活人劍」的話，那麼這則公案應該是「殺人刀」了。

禪師度人弘道，講求應機施教，也就是「你是什麼機，給你什麼教；你是什麼病，給你什麼藥」。禪僧用「否定式」語句問雲門，雲門也回以「否定式」的答案。

禪僧問：「不是目前機，亦非目前事時如何？」意思是說「無心機，無事相時如何？」

禪僧原以為雲門會回以肯定的答覆，沒想到得到的卻是無情的一刀：「倒一說」——什麼都沒有說。問得快，答得也快；問的人不留情面，答的人更不留情面。

從禪僧所提出的問題分析，問話中似乎暗藏玄機，背後無數刀鋒，回答的人一不小心，定會遍體鱗傷，粉身碎骨。

所幸雲門也是個老行家，早知道話中有話，「危機四伏」，於是兵來將擋，水來土掩，若明鏡臨台，胡來胡現，漢來漢現。儘管禪僧的問題，是問在答處，雲門的回答，是答在問處。你執著「無」，我以「無」對治，你執著「有」，我以「有」擊破，這是雲門「騎賊馬趕賊」的手段。

其實，禪門法要就是「不立文字，教外別傳，直指人心，見性成佛」。依此說法，自古以來，從上諸聖，何曾有一法與人？那裡有禪道渡化？只要你不造地獄業，自然不招地獄果；如果你不造天堂因，就不享天堂果，一切業緣，都是自作自受，別人無法幫你作、替你受。

這個道理很簡單，也很重要，古德先賢已分分明明說得很清楚，為什麼還要在言語文句上用工夫呢？所以只消雲門禪師一點，明眼人立即豁然開明，一點都瞞不得的。

雪竇禪師對這則「倒一說」公案頌道：

倒一說，分一節，同死同生為君訣。
八萬四千非鳳毛，三十三人入虎穴。
別別，擾擾忽忽水裡月。

後人看前人，總有置身事外的客觀和事不關己的冷漠，但雪竇頌這則公案卻入情入理，絕無矯情，亦無造作。他說他所當說，頌他所當頌，絲毫不馬虎，一點不含糊。

雪竇要頌的是雲門「分一節」，「放一著」的手段。雲門知道禪僧執空粘無，於是敢與入泥入水，同生同死，為的是要為他解粘去縛，幫他抽釘拔楔，替他解決問題。

靈光不昧　萬古不黯

我們今天看古代禪門公案，千萬不要在言句上轉生情解，不要從話頭中臆生心意，否則退身無路，入室無門，就像霧裡看花，水裡看月，擾擾忽忽，哪能明悟，哪得生機。

嗣法雲門文偃禪師的洞山守初禪師曾經說：若要辨認向上之人真偽，

有三種滲漏：一情滲漏；二見滲漏；三語滲漏。

見滲漏是犯了「機不離位」的毛病，總是太相信自己的見識，離開不了「本位」的毛病；太相信自己的見識，離開不了「本位」的限制，所以常在毒海中隨波逐流。

情滲漏是犯了感情勝過理智的毛病，甚至情與智背道而馳，見處偏枯，難獲真如。

而語滲漏則犯了望文生義，體妙失宗的毛病，往往一字之差，千錯萬錯，一句之剔，天堂地獄。

這三種滲漏，隨時隨地都在糾纏著我們，如果不是全機大用，清澈透脫，大根大器，大智大慧的人，實在難以洞察機用，難以得大明白，大自在。

不能得大明白，大自在的人，在度生化眾的過程，就不能有「遇生與你同生，遇死與你同死」，敢向虎口裡橫身的勇氣與精神。

這裡要特別說明的是，在雪竇禪師頌偈裡所說的「八萬四千非鳳毛，三十三人入虎穴」，指的是：佛門四眾雖多，但並非人人都有「同生同死」的機用，否則為什麼當佛陀在四眾雲集的靈山會上，當著八萬四千聖眾拈花時，唯有迦葉尊者會心微笑呢？而禪宗自佛陀心傳迦葉尊者，而迦葉尊者又印心阿難，如此祖祖相傳，歷二十八祖達摩，才得東來，六傳到慧能禪師，合起來計三十三祖。而禪宗三十三祖，人人都有入虎穴的手腳，捋虎鬚的膽量，對高者能抑之；對下者能舉之；對不足者能與之；對在孤峰者能救入荒草；對落荒草者能救令處孤峰。總之，他們能為人脫卻籠頭，卸卻角馱，但前提是先要人保任住本具的靈光，不要受人惑，也不要受語惑，更不要受情惑、受境惑、受見惑。

圓悟禪師在唱評這則公案時說：

靈光不昧，萬古徽猷。

入此門來，莫存知解。

只要靈光不昧，就能萬古不黯，爽朗朗，清澈皎潔。而禪門中人，最怕的是從文字語言中去知解，這種知解宗徒，是禪門的最大魔軍，必須斬掉它，摧毀它，破除它。雲門的「倒一說」，就有佛來佛斬，魔來魔斬的威力，有破執去粘的效果，和前則公案有相互呼應的作用。

空生巖畔花狼籍

——雲門文偃日日好

雲門文偃禪師，姑蘇嘉興人，嗣法雪峰義存禪師，後遷雲門光奏寺，禪風大振，學者聞風而至，號稱雲門宗。

大凡歷代知名禪師，都有「大死一番」的悟道過程。雲門文偃禪師當然也不例外。

雲門文偃禪師在嗣法雪峰義存禪師之前，曾參訪睦州禪師。由於睦州禪師的道風強調「直指人心」，要人有「旋機電轉」的本事，平常接引學人總在學人剛跨進大門，便指著他道：「說！說！」如果不能立刻回答，便被推出門外。

雲門初參睦州時，也遭遇同樣情況，他一而再，再而三地被毫不留情面地推出門外，雖然如此，卻仍然無法悟出箇中道理。到了第四次，雲門文偃禪師實在不服氣，也不服輸，做好了準備，再度去叩睦州禪師的房門。

睦州問：「是誰？」

雲門回答：「是文偃。」

睦州才開門，雲門文偃便很快的跳進門檻，進到屋內。可是說時遲，那時快，睦州未等到雲門文偃雙腳落定，便抓住他說：「道！道！」

雲門正準備要說，就被睦州推出門去，並立刻將門用力一關，這時雲門一腳在外，一腳卻還在內，在門內的那隻腳被關合的門閫強力一夾，一陣巨痛，不禁失聲大叫，就在此刻雲門文偃頓悟了。

自然本能的境界

究竟雲門文偃禪師在這種受創的情形下，悟到了什麼？為什麼平常思前想後，左參右參，都無法開悟，卻在腳踝遭到重夾痛創嘶聲大叫時頓悟了呢？禪宗所說的「直指人心」就像是「擊石火，閃電光」，睦州禪師尋常接引禪者，要求「不假思索」立即反應，這種反應要像手觸火即縮，其間不容思考，所謂「擬思即乖」就是這種境界。雲門腳踝受到痛創，與大叫作聲，其間幾乎「間不容髮」，這是一種人體的反射本能。反射本能是人類最自然、最快迅、最單純、最沒被「汙染」的反應行為。禪師要追求的，就是這種自然本能的境界吧！

三年後，雲門在睦州的指點下，前往雪峰存義禪師處，尋求更深一層的突破。他一到雪峰處便問：「如何是佛？」

雪峰說：「不要說夢話了！」

雲門聽後若有所悟，便禮拜，並在雪峰處一住就是三年。雪峰一日問他：「你在這裡住了那麼久，有什麼見解和體會？」

雲門說：「我的見解和古今諸聖的見解，並沒有絲毫不同。」

意思是說：真理是唯一無二的，既然是無二，諸聖所見的真理和雲門所見的並沒有兩樣。表示雲門對自己的開悟是堅信不移的，是自信十足的。

再舉一則有關雲門文偃禪師的公案：

有一次，雲門示眾說：「十五日以前不問汝，十五日以後道將一句來。」

結果眾人啞口無言，雲門自己卻代替眾人回答說：「日日是好日。」

這則公案又代表什麼意思呢？「十五日以前不問汝」，代表什麼？「十五日以後道將一句來」，又代表什麼？其實「十五日以前」和「十五日以後」又有什麼不同呢？雲門為了破除「分別」，坐斷「千差」，所以先提出了「前」與「後」的相對概念，然後要大家「道將一句來。」而大家正被這個相對概念困惑時，雲門卻代替大家回答：「日日是好日。」換句話說，不管十五日以前，還是十五日以後，日子就是日子，每天都是好日。明月清風，何等晴朗；日月如流，何等自在。

針對這則公案，雪竇禪師有頌云：

去卻一，拈得七；上下四維無等匹；
徐行踏斷流水聲，縱觀烏出飛禽跡。
草茸茸，煙幕幕，空生巖畔花狼籍，
彈指堪悲舜若多，莫動著，動著三十棒。

雪竇這頌是要說明什麼道理呢？在雲門的公案裡，雲門原是要人「去粘解縛」的，如果不能體會雲門的苦心，還要在「十五日前」與「十五日後」作分別，無異又掉進另一思索陷阱，所以雪竇禪師才說「去卻一，拈得七」，事實上「上下四維」無邊無際，可說「至大無外」，還有什麼可以和它匹敵的呢？難道徐行就不會踏斷流水聲嗎？難道縱觀就能看出飛禽跡嗎？徐行不僅不能踏斷流水聲，恐怕還要聲上加聲；縱觀不僅不能看出飛禽跡，恐怕還要心上生心了。

接著雪竇禪師還用「須菩提岩中安坐，諸天雨嘆」的典故指出：「空生巖畔花狼籍」。要了解這句話的含意，必須先了解「諸天雨花」的故事。這個故事是這樣的：

須菩提岩中安坐，諸天雨花讚嘆。須菩提說：「空中雨花讚嘆的人是誰？」只聽有人回答說：「我是天帝釋。」

須菩提說：「你為什麼雨花讚嘆？」

天帝釋說：「我讚嘆你善說般若波羅蜜多。」

須菩提說：「我於般若未嘗說一個字，怎麼值得你讚嘆。」

天帝釋說：「尊者無說，我乃無聞，無說無聞，才是真般若。」說完又動天震地的將花如雨般的散下來。

知道了這個典故，大概就了體會「空生巖畔花狼籍」的真義了。須菩提的「無說之說」，天帝釋的「無聞之聞」，都無損真般若的或隱或顯。般若如如，無說之說才是真說，何必要有言句，胡餅無汁，何苦硬要從胡餅中擠出汁來。說到這裡，如果還有人落在意識中，還要向語句中求，那只好給他三十棒了。

澄潭不許蒼龍蟠

——慧忠禪師無縫塔

肅宗皇帝問忠國師：「百年後所須何物？」

國師云：「與老僧作箇無縫塔。」

帝曰：「請師塔樣。」

國師良久，云：「會麼？」

帝云：「不會。」

國師云：「吾有付法弟子耽源，卻諳此事，請詔問之。」

國師遷化後，帝詔耽源問：「此意如何？」

源云：「湘之南，潭之北，中有黃金充一國，無影樹下合同

船，琉璃殿上無知識。」

唐朝是中國歷史上的盛世，無論文治武功，在當時都足以傲視全球。中西文化的交流，不僅為中國帶來另一層次的昇華，在這樣的社會裡佛教受到各階層的尊崇，尤其經過魏晉南北朝轉化後的禪宗，不僅在文人知識界大行其道，就是在帝王之家，深宮後院，也備受尊崇。

慧忠禪師歷任肅宗與代宗兩位皇帝的國師，地位之高，受到當時大臣們的側目。但皇帝喜歡參禪，而慧忠國師又是德高望重，禪理無礙，儘管朝中部分貴冑對他的得寵頗有慍色，仍然不減皇帝對他的敬重。

這則公案本來是很單純的君臣之間的問答，也是皇帝對忠國師百年之後，如何盡弟子之誼的請示。可是公案中卻引出了「無縫塔」的話語，讓後代無數參禪的人，又在這則公案上大作文章，傷透腦筋。

慧忠國師的「無縫塔」已經夠惱人了，加上耽源應真禪師的「湘之南，潭之北」的話頭，更讓參禪者雪上加霜，跳脫不出。

這則公案的主角有三位，第一位是肅宗皇帝，他是當時的一國之君，史冊自有記載，我們不多做介紹。至於慧忠國師與耽源應真禪師兩人，就必須有所說明了。

慧忠國師，根據《五燈會元》記載：

南陽慧忠國師者，越州諸暨人也，姓冉氏，自受心印，居南陽白崖山黨子谷，四十餘祀不下山，道行聞於帝里。唐肅宗上元二年，詔徵入京，並待之以師禮。初，居千福寺西禪院，及代宗登帝位，迎往光宅寺，前後十六年，隨機說法，至大曆十年遷化，嗣法六祖大鑒慧能禪師。

慧忠國師在帝王之家弘揚禪法，雖備受尊榮，但也備極艱辛。封建時代，帝王威權，伴君如伴虎，稍有不慎，就會身首異處，忠國師是方外之人，雖與人無爭，可也臨深履薄，步步小心。

他在帝宮一方面闡揚禪法，一方面為皇帝講授無上佛道，皇帝執弟子禮甚殷，待之甚重。每當忠國師演無上道畢，皇帝都親自攀車送之。這樣的禮遇，看在朝臣眼中，自然面有愠色，心中不悅，部分朝臣甚至想聯合起來，奏諫皇帝，要求不要對慧忠國師如此禮敬，以免有失皇帝的尊嚴。

慧忠國師察顏觀色，也或許真的具有「他心通」，搶先一步面奏聖上說：「我在天帝釋前，見粟散天子，如閃電光相似。」暗喻著有許多毀謗與饞言，不斷地衝著他而來，當肅宗知道朝臣的舉動，又了解慧忠國師話中的弦外之音後，對忠國師愈加敬重。

據《傳燈錄》所考，這則公案應該是代宗問慧忠國師的，而非肅宗問的，因為代宗是肅宗的長子，而肅宗又早慧忠國師往生，如何能夠問慧忠國師對於他百年之後的願望呢？所以據考證，肅宗問忠國師的是「如何是十身調御？」問「百年後所須何物？」是代宗所問應該毫無疑問。

至於「耽源」，就是嗣法南陽慧忠國師的吉州耽源山應真禪師。應真禪師在慧忠國師處作侍者多年，後住吉州耽源寺，據說仰山禪師曾到耽源寺參訪應真禪師。

仰山舉「人在千尺井中，不假寸繩，如何出得井中人？」問耽源。

耽源嘆口氣說：「癡漢，誰在井中。」

仰山對耽源的回答，不甚了解，於是又去問溈山。

溈山見問，就叫了一聲：「惠寂」（惠寂是仰山的法號）。

仰山聽見呼喚，應喏一聲。

溈山說：「出了也」。

仰山因此大悟，並說：「我在耽源處得體，溈山處得用。」

可見慧忠國師和他的得意弟子耽源，確有殺活的手段，有去黏解縛的本事。而這些手段或本事，後人都從字句裡理解，往深處裡思想，使得原本禁不起一揑的淺顯事理，變得複雜難懂。

慧忠國師出的難題

在深宮內院弘法了十六年，慧忠老國師年紀大了，身體也不好了，精神一天不如一天了，大家都知道老國師恐怕不久人世了。於是皇帝非常關心，很想為老國師做些事情，幫他實現些願望，因此才問慧忠國師說：「百年後，所須何物？」

慧忠國師是位有道的禪師，面對生死，心中早已「了無牽掛」了，一切因緣生、因緣成、因緣滅，生前都不需要什麼，死後更不需要什麼。但既然皇帝這樣問了，忠國師不得不答，只好說：「與老僧作箇無縫塔。」

這簡直是出難題，故意要跟皇帝過不去嘛！塔是形高而頂尖的佛教建築，用來存藏佛骨或高僧骨灰的地方，不論塔高幾層幾級，豈能無縫。而忠國師卻要皇帝為他作箇無縫塔，豈不是為難皇帝嗎？

但皇帝在慧忠國師的薰陶之下，對禪法也有幾分認識，知道國師話有玄機，於是把難題又拋回給慧忠國師說：「請師塔樣。」

意思是說：「您要求的無縫塔，我可以幫您作，但請國師您畫個塔的圖樣，好讓我依樣造塔。」這招的確夠利害的了，如果忠國師不畫個圖樣，皇帝就有藉口說：「我想為您作塔，可是我不知道您要的是怎樣的塔。」但如果要畫，塔那裡可能無縫，那裡能畫的出無縫塔的樣子來。

接到這個自己製造出來的燙手山芋，慧忠國師採取四兩撥千的方式，來個不聞不問。在沉默片刻後，慧忠國師又把問題拋出來。他問皇帝：「會麼？」

皇帝見問，可能確實不能理會慧忠國師的意思；也可能故意裝糊塗，硬是不接這拋來的山芋，所以回答：「不會。」

一方已把山芋拋出，一方卻不去接這山芋，怎麼辦呢？只好找個第三人來接了，於是忠國師說：「吾有付法弟子耽源，卻黯此事，請詔問之。」

慧忠國師不僅把問題轉化了，他把「無縫塔」的難題，轉化為對他停頓片刻的體會問題。這樣，一方面把問題淡化了，淡化問題的衝突性與引爆點。一方面更把問題緩化了，紓緩了問題必須立即解決的急迫性。他甚至把解決問題，推給第三者——耽源禪師，好讓雙方都有下台的台階，暫時不去處理這棘手的問題。

或許慧忠國師的用意，不是我們想像中那樣。或許慧忠國師透過這樣的方式，在教導皇帝一個禪理，一個只有慧忠國師心裡才了然的禪理。

皇帝對這件事可能一直耿耿於懷，所以當國師遷化後，皇帝立即召請耽源禪師入宮，詢問慧忠國師當時的用意是什麼？耽源應真禪師沒有給皇帝一個明確的回答，只給皇帝一些謎樣的語句：

湘之南，潭之北，中有黃金充一國，無影樹下合同船，琉璃殿上無知識。

對於這樣的回答，我們不知道皇帝懂不懂，解不解。倒是引起後世參禪者的諸多臆測與註解。

無相即是萬相

所謂「湘之南，潭之北」，說穿了就是天南地北的言談，其中可能是一句漫不經心的話，也可能是一句意義深遠的玄理，但不論如何，如果望文生義，只從字句中尋覓的話，那就真的「了不可得」了。「中有黃金充一國，無影樹下合同船」。這是富而不富，有而不有的境界，黃金充滿一個國家，在世人的眼中不可謂不富，但在那整個國家到處都是黃金的國度，人民眼中的黃金，就如同石礫一樣，不覺得有貴重可言。光天化日之下，有樹的地方就有樹影，但樹影因陽光而產生，樹的本身哪有影子。所以耽源禪師最後說：「琉璃殿上無知識」，希望不要在語言文字上去知解，去認識慧忠國師所說的「無縫塔」。

無縫塔是「無相之相」，因為它是「無相」，所以可以是「萬相」，因為它是「萬有」，所以可以是「無有」。這也就是為什麼慧忠國師沉默了良久，不理會皇帝要他畫個無縫塔圖樣的原因了。許多人不能體會這一層意義，卻認為「國師不言處，便是塔樣」，實在有違禪宗一脈的玄理。

有外道問佛：「不問有言，不問無言。」世尊良久，外道禮，讚嘆說：「世尊大慈大悲，開我迷雲，令我得入。」等外道離去了，阿難問佛說：「外道有何所證，而言得入？」

世尊云：「如世良馬，見鞭影而行。」

這則故事或許可以為「無縫塔」公案作註腳吧。

雪竇禪師對這則公案有偈頌云：

無縫塔，見還難，澄潭不許蒼龍蟠。層落落，影圓圓，千古萬古與人看。

不知大家對這則偈頌，做何了解？至少歷代禪師很欣賞「澄潭不許蒼龍蟠」這句。圓悟禪師說：

不見道：臥龍不鑿止水，無處有月波澄，有處無風起浪。又道：臥龍長怖碧潭清。

蒼龍蟠處，無風起浪，要想月明波澄，就不許蒼龍作怪，而蒼龍最可能作怪的地方就是容易起浪處。只要把持得定，心如碧潭清皎潔，饒他蒼龍有天大興風本事，亦無它作浪之處，「無縫塔」又豈容生波。

現代人隨波逐浪，喜歡捕風捉影，往往在對一句非常單純的話，做了複雜的註解。對一個人不經意的一些言詞，做了屬於自己意思的推測與解讀，這是澄潭生波。嚴重的話，不僅生波，甚至會到「洪波浩渺，白浪滔天」的地步。

無相萬相，萬相無相，只要一個人的心智成熟，情緒穩定，擾擾萬相就是如如無相。反過來說，如果一個國家的國民心智不成熟，社會思想體系不穩定，則如如無相就變成擾擾萬相，擾擾萬相變成千層萬層的糾葛，於是紛紛擾擾，動亂不已，人心常起浮動，社會就永無寧日。

南地竹兮北地木

——洞山守初麻三斤

有僧問洞山守初禪師：「如何是佛？」

洞山回答：「麻三斤。」

這則公案，引起歷代有心參禪者的許多議論。

有人說：禪師說法，應機施教，洞山說那話時，正好是在倉庫下秤麻，所以當禪僧問「如何是佛」時，他就順口說「麻三斤。」

有人說：洞山刻意要避開這個「不可說，不可說」的問題，所以用「問東答西」的方式，暗示問這問題的人。

有人說：一切有情無情皆有佛性，洞山回答「麻三斤。」就是說：這麻三斤便是佛。

有人說：心、佛、眾生，三無差別，人人都有佛性，問的人本身就是佛，何必又問「如何是佛？」就以洞山才答「麻三斤。」

像這種在句中參法，語中覓悟的參悟方式，圓悟禪師不客氣的嚴厲批評說：「參到彌勒下生也未夢見在。」他認為言語只是載道之器，如果不知古人的心意，只管在句中求，那就會「喪身失命」。禪師的一言一句，像殺人刀、活人劍。若論殺，卻不傷一毫；若論活，卻喪身失命。但究竟是殺人刀，還是活人劍，其中微妙玄旨，只有靠禪者們內心的契入與密合了，所以說「向上一路，千聖不傳」。如果對禪師的言句，硬要從語句中去尋覓，無異「如猿捉影」，徒勞無功。

雲竇禪師頌這則公案說：

金烏急，玉兔速，善應何曾有輕觸。展事投機見洞山，跛鱉盲龜入空谷。花簇簇，錦簇簇，南地竹兮北地木。長慶陸大夫，解道合笑不合哭。咦！

不頌還好，這一頌又要讓人墜入迷霧中。雪竇用這樣抽象的文字，這樣飄渺的意念，究竟要告訴我們什麼「玄旨」呢？這樣的頌偈，對洞山的「麻三斤」又會引導出什麼破解作用呢？剪不斷，理還亂，真是一堆毫無頭緒的葛滕啊！

善應何曾有輕觸

其實，禪師傳法，應機施教，他們的教法隨著禪師本人風格的不同而有不同，但異途同歸，萬流歸宗，儘管度人的方式可以用捧、用喝、用舉手，用投足，用揚眉，用瞬目，可是要給人的真理並沒有兩樣。雪竇說：「金烏急、玉兔速」，就是說日往月來，總是急急忙忙地日復一日，月復一月，年復一年，匆匆來，又匆匆去的歲月，不為人喜，不為人憂，不為人快，不為人慢，這是一種自然的法則，是極其平常的事情，知道了，就不會大驚小怪。

在「金烏急、玉兔速」之後，雪竇又說：「善應何曾有輕觸」，這是從本體來解釋日出月沒的現象與事實。一般人總以為「如斯觸，如斯應」，「觸」與「應」之間固然存有一定的因果關係，但「觸」與「應」各有本質，這個本質是如如不動的，不因「觸」才有「應」的本質，也不因不「觸」而失去「應」的能力，更不因輕觸而變小「應」的作用；或因「重扣」而增大了「應」的功能，所以對於「善應」的東西，不論你「輕觸」或「重扣」，它「應」的本質都不變的。

灑灑落落作個無事的人

佛性本來人人具有，又何須問，何須求呢？既然禪僧已經問洞山了，如鐘在扣，如谷受響，大小隨應，洞山不得不格外小心。

但是如果從洞山話頭的字裡行間，與從字裡行間所指的事務表象，去了解洞山心意的話，恐怕會「差之毫米，謬以千里」。因此，雪竇才說：「展事投機見洞山，跛鱉盲龜入空谷。」

要了解洞山「麻三斤」的心意，有必要從洞山參禪悟道的背景說起。

洞山初參雲門文偃禪師時，雲門問：「你最近離開什麼地方？」

洞山說：「渣渡」。

雲門又問：「你夏天在什麼地方度過的？」

洞山回答：「在湖南的報慈寺。」

雲門問：「什麼時候離開那裡？」

洞山說：「八月二十五。」

問答到這裡，雲門不客氣的對洞山說：「棒打你三頓。到禪堂參悟去！」

洞山怏怏然。到了晚上，洞山忍不住進入雲門禪師的房間，問雲門：「不知我白天回答什麼地方出錯？」

雲門文偃禪師反問說：「飯袋子，江西、湖南，就這麼去了嗎？」

洞山聽了，豁然大悟，說：「我以後要在無人煙的地方，搭建個小住所，不蓄一粒米，不種一莖菜，要常接待往來的十方大善知識，儘量為他們抽釘拔楔，摘掉他們那已戴了許久，戴到已經油膩膩的帽子，脫掉他們的油臭布衫，讓他們灑灑落落地，作個無事的人。」

洞山從雲門禪師處得到啟發，獲得開悟，心如清潭明月，灑灑落落，不受情迷，不被物遷。雖然他答「麻三斤」，但並不希望聽的人，墜入「麻三斤」的物質層面做工夫。

雪竇在頌偈裡頭又繼續說：「花簇簇，錦簇簇，南地竹兮北地木，長慶陸大夫，解道合笑不合哭。」自古以來，對雲竇的的這段話，也有許多不同的見解。

大夫合笑不合哭

有人說「花簇簇，錦簇簇」是指棺材頭邊畫的花草，這又誤解了洞山的意思了。花開花謝，是物的天性，花開的時候花團錦簇，也是極其自然的事，何必去牽強附會，說什麼是「棺材頭邊畫的花草」呢？這種自然界的生態象現，也如同「竹子生長在南方，麻木生長在北方」一樣，如果還要曲解成「麻是孝服，竹是孝杖」，那就越走越遠，千差萬錯了。

至於「長慶陸大夫，解道合笑不合哭，」是雪竇的結語，他引用了長慶慧稜禪師和宣州刺史陸亘的故事：

陸亘作宣州觀察使，參南泉禪師，後來南泉禪師遷化，陸亘大夫聞喪趕到寺裡祭悼，並在靈前呵呵大笑。寺院的院主對陸亘的這種舉動非常不滿，就對他說：「先師和你有師資之義，現在先師遷化，你不僅不哭，還要大笑，真是豈有此理！」

陸亘說：「你能把要哭的理由說出來，我就哭。」

院主無話可對，就在這時候陸亘嚎啕大哭起來，並說：「蒼天！蒼天，先師去世遠矣。」

後來長慶慧稜禪師知道了說：「大夫合笑不合哭。」

在陸亙的眼中，南泉禪師雖然遷化了，但遷化的只是有形的身體，他無形的精神與教化並沒有因此而遷化。而且南泉的精神與教化，在有形的身體之前，就已經存在了，可說是「無來也無去」。南泉的這種精神與禪風，如果弟子們都能「長相左右」，持續發揚光大，那麼南泉又哪裡有遷化呢？陸亙的一笑一哭，隱含著深意，所以長慶慧稜禪師說：「大夫合笑不合哭。」雪竇不禁要「咦！」的一聲，希望這一聲能夠喚起參禪者的醒悟。

銀碗裡盛雪

——顥鑒禪師三轉語

僧問巴陵：「如何是提婆宗？」

巴陵云：「銀碗裏盛雪。」

又是一則文字迷藏，傷透多少人腦筋。禪師問答，恰似無情又有情，讓人霧裡看花，迷者自迷，悟者自悟。

巴陵是指岳州巴陵新開院顥鑒禪師。顥鑒禪師嗣法雲門文偃禪師，是雲門文偃的得意弟子之一。曾做「三轉語」，陳述他的悟道境界，深受雲門肯定。

顯鑒禪師呈給雲門的「三轉語」，採自問自答方式：

如何是道？明眼人落井。一轉語。

如何是吹毛劍？珊瑚枝枝撐著月。二轉語。

如何是提婆宗？銀碗裡盛雪。三轉語。

這三轉語，目的在表達三種境界與三種體悟。而每種境界與體悟，都環節相扣，建立在「破執」的基礎上。不論「執有」或「執無」，「執凡」或「執聖」，都要不著痕跡的一起破除。

雲門文偃禪師對於這位得意弟子的三轉語，欣然印可，並對大眾說：「以後老僧忌辰，只舉此三轉語，報恩足矣。」內心欣慰，溢於言表。

「銀碗裡盛雪」這一轉語，究竟深藏著什麼玄機？顯鑒禪師要表達的是什麼境界？為什麼會受到雲門文偃禪師這等肯定？

要瞭解這則公案的玄旨精意，不妨先瞭解什麼是「提婆宗」。

「提婆」，指的是禪宗第十五祖提婆尊者。

提婆尊者，南天竺國人，姓毘舍羅，辯舌無礙，參第十四祖龍樹尊者，傳佛心宗。

凡有語句是提婆宗

《楞伽經》說：「佛語心為宗，無門為法門。」馬祖道一禪師說：「凡有語句是提婆宗。」

「凡有語句是提婆宗。」那麼，「提婆宗」不是和禪宗的「不立文字，教外別傳，直指人心」的精神相背離嗎？而提婆尊者又能以無礙辯舌，歸伏外道，免佛法於難，使「提婆宗」大興，並承龍樹尊者衣缽，傳佛心宗，這又說明語句的大用。因此，後代禪學者，對於立不立文字，說不說語句，爭論不休。

針對這一點，禪僧問巴陵顥鑒禪師：「如何是提婆宗。」希望顥鑒禪師給他明確指點。

這是一個兩難的問題，也是一個難以用語言文字一時說得清楚的問題。但既然有禪僧提出這個問題，顥鑒禪師當然不能裝聾作啞，就必須給予回答。而回答又不能盲引誤導，必須用「步步危機，字字謹慎」的態度，否則喪身失命，誤盡禪門，罪過可就大了。所以才回答：「銀碗裡盛雪。」

「銀碗裡盛雪」這句話，很具象，一點都不抽象。銀白的碗裡，盛著白雪，形象不是很鮮活嗎？應該是一句不難理解的話啊！

但難懂難解的是禪僧明明問「如何是提婆宗？」的意象性問題，而顥鑒禪師卻以「銀碗裡盛雪」的具象事物作答，似乎「答非所問」，又像是「牛頭不對馬嘴」，增添禪僧的困惑與不解。

究竟「銀碗裡盛雪」的意旨何在？玄妙之處又何在？古來論者甚多，每個人的體會如人飲水，冷暖自知，因此眾說紛云，難定一說。但正如寶鏡三昧所說的：「銀盤盛雪，明月藏鷺。」鮮明又不露痕跡，相異又少有分別，那種「既異非異，既同非同；非異非非異，非同非非同」的意境，真是「只可意會，難以言傳」，顥鑒禪師不惜冒著「喪身失命」的危險，把它一時說透了，只是不知聽聞者如何意會罷了。

雲凝大野，遍界不藏。

雪覆蘆花，難分朕跡。

冷處冷如冰雪，

細處細如米末。

深深處佛眼難窺，密密處魔外莫測。

舉一明三即且止，坐斷天下人舌頭。

上述偈語，可以做為「銀碗裡盛雪」的註腳。雲凝大野，雪覆蘆花，冷冷細細，深深密密，雖然莫測難窺，可也不是無跡可尋，無隙可覓。巴陵顥鑒禪師的答話，儘管孤峻，卻也不妨難會；雖然步步危機，著著鋒露，既有「陷處之機」，亦有「出身之路」。因此才說「舉一明三即且止」，舉一反三，文上加文，心上生心，説多了，想擰了，反而會「坐斷天下人舌頭」。

對這則禪門公案，雪竇禪師頌曰：

老新開，端的別，解道銀碗裡盛雪。
九十六箇應自知，不知卻問天邊月。
提婆宗，提婆宗，赤旛之下起清風。

顯鑒禪師駐錫的地方是巴陵郡的新開院，所以「老新開」是指新開院的老禪師，也就是指顯鑒禪師。「端的別」意思是說顯鑒禪師確實有特別不同的地方，才能說出「銀碗裡盛雪」這番話。

跳脫斷常二見的束縛

「九十六箇應自知」，依三論玄義：西域有九十六種外道，他們執著於四種邪知邪見：一是執著於「邪因邪果」；二是執著於「無因有果」；三是執著於「有因無果」；四是執著於「無因無果」。這都犯了斷常二見，所衍生出來的異見異執。提婆尊者的多言，是為破魔軍，伏外道，所以雪竇禪師才說：「九十六箇應自知」，換句話說，外道魔軍，對提婆尊者的多言，應該都很清楚。如果有人不能體會提婆多言的良苦用心，還要去問遠在天邊的明月，未免太捨近求遠，於道何補？

雪竇禪師最後用「提婆宗．提婆宗，赤旛之下起清風」，肯定了提婆的貢獻，今天我們看這則公案，要瞭解「銀碗裡盛雪」的玄旨，也必須先跳脫「斷常二見」的束縛，否則難免又要掉進「異見異執」之中，和外道又有什麼不同呢？

坐久成勞的撼力

——香林際遠帶眼行

僧問香林：「如何是祖師西來意？」

林云：「坐久成勞。」

「如何是祖師西來意？」是禪門公案的著名話頭，幾乎歷代禪師都為這個「話頭」傷足腦筋。

「祖師西來」，指的是達摩禪師自西方天竺前來中國而言。達摩把禪的概念與內容，自西方的天竺傳到東方的中國，並在東方的中國開創了「具有中國特色的禪宗」，所以中國禪宗尊稱他為「達摩祖師」，達摩就是祖師，祖師就是達摩，達摩就成為中國禪宗初祖。「如何是祖師西來意？」是禪僧希望禪師能為他們說明達摩祖師千里迢迢，不畏路遙，不怕艱辛，來到中國的主要目的和意義。

對於這個問題，歷代禪師的回答，各有不同，其中有擒有縱，有殺有活，問題雖然千篇一律，答案卻是千奇百怪，讓人有丈二金剛摸不著頭的感覺。

許多禪宗公案，不能用「線性思考」方式去思考，有時要有「非線性思考」方式去感受，甚至用「逆向思考」方式去做非理性的觀照才能有所收穫。如果要用「理性」的分析或用「線性」的理解，你可能會看得一頭霧水。

香林禪師回答禪僧的「如何是祖師西來意？」問題時說：「久坐成勞。」這則公案也不能用「慣性」的思考方式，否則還是會有抓不到頭緒的窘境。

這則公案的主角是香林禪師。根據《五燈會元》記載：香林禪師是指益州清城香林院的澄遠禪師。因為他在香林院弘法傳道，道風大行，所以後人就用香林來稱呼他。

香林澄遠禪師，漢州綿竹人，姓上官，嗣法雲門文偃禪師。他在雲門會下，作了十八年的侍者，這十八年中，得親聞並深入雲門的法海寶藏，雲門也以「遠侍者」稱呼他。悟道雖然較晚，但並不減損後人給他「大根器」的評價。

在隨侍雲門十八年中，香林深得雲門文偃禪師的信賴，有時雲門也會隨機給予教誨。例如雲門常忽然叫道：「遠侍者。」香林聽到雲門叫喚，立即應喏。此時雲門就問他：「是什麼？」每次遇到這種情況，香林知道老師在考他的悟道程度，於是立刻提出他的悟道見解，可是始終未能契合雲門的心意，沒有獲得雲門的認可。

為了點化香林禪師，雲門平時對僧眾所作的許多大機大辯的垂示，多半是為他而說。而香林一有所悟，也隨時向雲門呈現。雲門凡有一言一句，都令人收到遠侍者處。在雲門的有意栽培與香林的虛心求教和親炙教化下，一代著名禪師就這樣被造就出來了。

香林後來離開雲門，回到四川，先住在導江「水晶宮」，後住清城「香林院」。當時智門祚和尚，盛聞香林道風，特地從浙江到四川參禮香林。這位不遠千里，風塵僕僕，前來參禮香林禪師的智門祚和尚就是雪竇的老師，可見澄遠禪師回蜀住香林院弘揚禪法後，他的道風大行之一斑。

雲門文偃禪師雖然接引度人無數，傳承弟子亦多，但當代行者中，只香林一派最盛。香林歸川住院四十年，八十歲遷化。

他曾經說：「我四十年，方打成一片。」意思是說，他在四十年中依雲門的導教，加上不斷弘法參悟，才將禪法融會貫通，打成一片。

他開示大眾時常說：

大凡行腳，參尋知識，要帶眼行，須分緇素，看淺深始得，先須立志，而釋迦老子，在因地時，發一言一念，皆是立志。

從他說的這段話，就可以看出他的禪風。他強調「參尋知識，要帶眼行」，所謂「帶眼行」，就是要帶著「慧眼」而行。俗話說：「百聞不如一見」，但百見不如一行，禪是用來體悟的，也是用來實踐，用來跟日常生活結合在一起的，不是只用來聽、用來談、用來看，用來離群索居的。所以他提醒大家「要帶眼行」。又盼望大家「須分緇素，看淺深」。換句話說，就是要大家分清黑白，探知淺深，這樣在參禪修道的過程，才會有所得。

此外，香林澄遠禪師非常重視「立志」。所謂「立志」就是要立大志、行大願，即使是一言一念，都要用立大志，行大願的心情去實踐，像釋迦牟尼佛，在因地時，發一言一念一樣。

打碎理性　重造直覺

可見香林的禪風，著重務實，不尚言談，不輕信耳聞，他重視的是真知灼見，要有不受人惑的本事。

有僧問他：「如何是室內一盞燈？」

他說「三人證龜成鱉。」

他認為如果不嚴別是非，不認清對錯，即使室內燈明高照，三個沒有分別智慧的人還是會把明明是龜的動物當成鱉，甚至還自以為是，不容別人指出錯誤呢！

再回過頭來看這則公案：

當禪僧問：「如何是祖師西來意？」時，香林禪師就知道這位禪僧受到了「知解」的束縛，擺脫不了意識型態的框架。對付這種根深蒂固的執著，必須用非常手段才能去粘解縛。所以他才鏗鏘有力的回答：「久坐成勞。」

「久坐成勞」是一記力重千鈞的棒喝，把禪僧的「理性」思維，一棒打碎；把習以為常的直線思考，一時扯斷。

只有先打碎了「理性」思維，才能重造「直覺」思維模式。「理性思維」最大的缺點就是常受「線性思考」的限制，有了「線性思考」，就容易受到既存立場的「線繩」所綑綁，難以獲得思考上的解脫。

香林澄遠禪師平常教人：「參尋知識，要帶眼行」。苦苦思索，停滯在「如何是祖師西來意？」的這種永遠無解的公案上，無異是水中撈月，終將白費心機。但香林不願直接說破，以免落入另一種「理性思維」模式，於是他用「逆向思維」方式，以「久坐成勞。」四個字回答，希望能夠驚醒禪僧。讓禪僧知道，在這種無解的公案中傷神，不僅無益，而且有害。何況即使知道了祖師西來之意，對己又有什麼幫助？

腳踏實地成大自在

雖然如此，千百年來禪者對「久坐成勞」這四個字的體悟，各有不同，說法也各有差異。香林澄遠禪師距離我們已有千餘年之遙，他答這句話的本懷是什麼，我們的確不得而知，但我們認為這已不重要了。重要的是讀這則公案的人，如何從中去領悟、去會心。

有人說香林禪師回答這句話，可說是：

言無味，句無味，無味之談，塞斷人口，無你出氣處。

所以希望大家不要在這無益的話題上浪費閒工夫。

有人說：達摩祖師西來，和梁武帝話不投機後，立即渡江而去，並落腳嵩山，在少林寺面壁九年，這九年面壁長坐，豈不是坐久成勞？

圓悟禪師在唱評這則公案時說：

不見他古人得大自在處，他是腳踏實地，無許多佛法知見道理，臨時應用，所謂法隨法行，法幢隨處建立。

圓悟禪師的意思是說：香林禪師是位得大自在的人，他兵來將擋，水來土掩的方法，機來機應，腳踏實地，不講許多佛法，不談知見道理，完全是臨機應用，法隨法行，如果要用「知見」解，要用「道理」會，那就要折煞香林，氣壞老禪師了。

雪竇禪師對這則公案頌曰：

一箇兩箇千萬箇，脱卻籠頭卸角馱，左轉右轉隨後來，紫胡要打劉鐵磨。

依照雪竇的體悟，人只要「脱卻籠頭卸角馱」，不論一個、兩個或千萬個，都可以灑灑落落，不被生死所染，不被聖凡情解所縛，上無攀仰，下絕己躬。這樣的大自在，又何須問什麼「祖師西來意」？說話到此，如果還不能領悟，那可真要打他三十棒了。

往者已矣，來者可追，把握現在，才是實際。新時代要有新話題，新人類要有新思想，老是在「祖師西來意」的老題目作文章，對自己的進德修業又有什麼幫助？

我們總是一個世紀又一個世紀，翻來覆去參那老話頭，對新時代的新思維又能做出什麼貢獻？

阿富汗文學家烏爾法特（一九〇九年—一九七七年）曾以「新思想」為題說：

> 我們只是在舊的事物裡蒐羅新的主題。這不過是在老太婆臉上蒙一塊新紗巾而已。

他埋怨在現代的社會裡，新收音機、新電影、新手錶、新裝飾品，一樣也不缺，可就是沒有新的思想和新的主題。詩人們雖然吟出了許多新詩詞，但卻沒有一點新創意。

香林澄遠禪師的「坐久成勞」，難道不是我們的暮鼓晨鐘嗎？千萬不要小看這四個字，否則就會錯失孕育新思想的機會哦！

不道無禪，只是無師

——黃蘗希運大機大用

黃蘗希運禪師，閩人，從小在黃蘗山出家，嗣法百丈懷海禪師。

一日黃蘗希運禪師開示說：「你們都是酒糟粗漢子，還知道大唐國度裡無禪師麼？」

當時有一位禪僧從眾中站出來說：「只如各方狂徒領眾，又那裡有禪可言？」

黃蘗說：「不道無禪，只是無師。」

對於這則公案，歷代禪者都認為黃蘗希運禪師禪風「峭峻」，等閒人恐怕難意會玄旨。

的確，歷代禪師都有自己運任自如的禪風，但「運任」過程，因禪師的學習與悟道背景不同，教法上就會千差萬別。所以《碧巖錄》才說：

> 佛祖大機全歸掌握，人天命脈悉受指呼。等閒一句一言驚群動眾，一機一境打鎖敲枷，接向上機，提向上事。

「接向上機，提向上事。」這句話把禪師接人度生的體用禪機展露無餘。「禪」本來是非常平易近人的修學過程，但偏偏有人把它神秘化，空玄化，深奧化，讓許多人望「禪」怯步，聞「法」心驚，實在錯會了「禪」的本意。

由於每個人的根基不一樣，生活的體驗與文化背景不相同，對同一事物的認知與理解，勢必會有出入與落差。禪師度人，貴在「觀機逗教」，看眾生什麼病，就給什麼藥。不是一藥能治百病，也不是一病百藥能治。而且，每位禪師禪風不同，他們自己的獨特教法也絕不是度眾的萬靈丹，所以「接向上機」必須「提向上事」，接向下機，必須提向下事，這是一種「一師無常師，教無常教」的理念，就像佛陀度化人間，掌握了大機大用的人，也掌握了小機小用的人，這樣才能對各類不同根基的人指使頤喚，擒縱自如，對人天命脈才能洞澈鍊達，出入自在。

黃檗胸襟　志在度眾

黃檗希運禪師原來就是大機大用，有大乘根器的人。他身高七尺，額有圓珠，天性會禪。曾在一次參訪天台寺的途中，遇到一位高僧，兩人相見如故，相談甚歡，於是結伴而行，有如舊識。

這位高僧面有異相，目光射人，兩人相偕走到溪邊，剛好溪水暴漲，只好「植杖捐笠」，停了下來。

這時高僧要黃檗一起涉水過溪。黃檗說：「要渡，你請渡吧！」於是高僧褰衣躡波，如履平地。過了河岸後，回過頭來向黃檗招手說：「快渡過來，快渡過來！」

黃檗嘆了口氣說：「你這自了漢，我早知道你這樣，就應趁早打斷你的腿。」

僧人聽了黃檗禪師的責備話後，讚嘆說：「你真是大乘法器。」說完話後忽然不見了。

這則故事，說明黃檗的胸襟，志在度眾，不在自度。對於那些只求自度的人，黃檗希運禪師是相當看不起的，認為這樣的人即使有再大的神通力，也無益天下蒼生，修行又有何用。

從黃檗的這樣文化背景，再看他和百丈懷讓禪師初次見面時的公案，更可以找到黃檗的思想脈絡。

黃檗第一次會見百丈禪師。百丈問他：「巍巍堂堂，從什麼處來？」

黃檗答：「巍巍堂堂，從嶺中來。」

百丈又問：「來為何事？」

答：「不為別事。」

百丈非常滿意黃檗的回答，也非常看重他的資質。隔天黃檗來向百丈辭行，準備離去。百丈問他：「要到什麼地方去？」

黃檗說：「到江西禮拜馬大師去。」

百丈說：「馬大師已遷化去了。」

黃檗說：「特地要去禮拜他，想不到自己福緣淺薄，沒有能來得及見他一面。不知道馬大師他平日有何言句，可以讓人受用，請和尚慈悲舉示。」

於是百丈就舉他參拜馬祖道一禪師的因緣說：「馬大師看見我來了，便豎起拂塵子。我問他說：『即此用，離此用？』馬大師聽了我的問話後，一言不發，把拂塵掛在禪床的一角。隔了良久，問我說：『你以後鼓兩片皮，如何為人？』聽了馬大師的問話，我一言不發，也學馬大師，取下掛在禪床角的拂塵，並模仿他的動作，把拂塵豎了起來。馬大師問：『即此用，離此用？』我還是學馬大師的樣子，把拂塵掛回禪床角。」此時，馬大師突然像獅子出谷，威震四方，向我大聲一喝，我當時被震得簡直三天都耳聾，聽不見聲音了。

黃檗禪師聽了百丈禪師這段參學公案，不覺悚然吐舌。

百丈禪師接著又對黃檗禪師說：「你以後是不是還想承嗣馬大師的禪風？」

黃檗禪師說：「不想了，今日聽了和尚舉示了和馬大師的這段因緣，讓我得見馬大師的大機大用，如果承嗣馬大師的話，以後就沒有我自己的教法與傳承了。」

百丈聽了，知道黃檗已經有所體會，心裡很高興說：「理當如此，理當如此。」

又說：「見與師齊，減師半德；智過於師，方堪傳授。你今天的見解，就有超師之作。」

超越師門境界的志氣

從這則公案中，百丈禪師要教導黃檗禪師的，是要黃檗在嗣法的過程中，保有「青出於藍而青於藍」的志氣；要有「因應自己的根基，走自己的路」的體認；要有傳承與創新並重的認知。

而黃檗禪師也確實能夠體會百丈的用心，在學道的過程中，有所悟、有所得，有所昇華與轉進。

師承在參禪修道的學習過程中很重要，但俗語說：「師父帶進門，修行在個人」，每個人的機用不同，不能要求每一位徒弟都要完全「承襲」老師的機用與智慧。如果徒弟沒有超越老師的志氣與想法，即使能得到老師再多的「真傳」，見解與境界還是不能和老師相提並論，還是要在境界上輸上老師半籌。

只有那些有志氣要超越老師，想「青出於藍而勝於藍」的人，才足堪傳授。否則老師步，徒亦步；老師趨，徒亦趨，終不免墮入老師的巢臼，對所欲度的眾生何益，對自己的進德又何益？

長江後浪推前浪，一代新人換舊人。時代在轉進，人事在代謝，一代新人應比舊人強，這樣才是進步，才是人類歷史的常態。何況客觀的社會環境在變，主觀的智慧根基不同，如果只停住於師承的範疇，不知百尺竿頭，更進一步，那麼，再高明的學生，充其量只是一部「拷貝機」，不能掌握住活潑生動的禪的精義。

善法無法

又有一次，黃檗禪師問百丈禪師：「從上宗乘，如何指示？」

隔了很久，百丈都沒有回答。

黃檗說：「不可教後人斷絕去。」

意思是說：如果不把禪法教導我們，老師的禪法就會絕傳，千萬不要讓後生無緣聽聞老師的教法。

百丈回答：「我還以為你是個明白人呢！」

說完，不等黃檗回答，逕自起身，走進方丈禪房。

我們知道百丈禪師是黃檗的老師，黃檗在百丈處學禪多時，做為一個學生，向老師請教如何把最精要的禪法傳授給人，是非常尋常的事。但百丈不正面回答，故意默不作聲，讓黃檗按奈不住說：「老師如果不把禪法留下來，後生恐怕就得不到老師的禪法了。」就在這個時候，百丈才趁勢點化他：「我還認為你是個明白人呢！」其實，百丈仍然沒有直接回答黃檗的問題。他只是暗示說：「你是個明白人」，而且這個明白人是你自己，不是百丈，也不是別人，是活生生的黃檗。意思是說：「我做自己的主人，所以我有我的教法；你也應作自己的主人，你也應有你的教法。」百丈禪師不希望他的學生「依樣胡蘆」，更不希望他的學生「在鬼窟裡做活計」，受到教條的限制。何況善法無法，能渡化人的法就是妙法，何必非要承襲老師的教法不可呢？黃蘗禪師是上根器的人。經百丈點化，終其一生，確也受用不盡。

瞭解了黃檗禪師的學道過程，知道了黃檗禪師的師承法脈，才能理解何以黃檗禪師會在大庭廣眾之下說：「你們都是酒囊飯袋，你們還知道大唐國裡沒有禪師嗎？」然後又回答禪僧說：「不道無禪，只是無師」的機用。

師，範也。範，就是模範，示範，典範。所以說「師者，所以傳道，授業，解惑也。」《瑜伽論》也說：「能化導無量眾生，摧滅邪魔外道，出現世間」的人就是師。

黃檗禪師對於當時禪僧們專在拾古人牙慧上用工夫，而忽略了自己的原創能力，相當痛心。這種拾人牙慧的風氣表面上是修禪，其實是嚴重扭曲了禪的精義。禪是無處不在的，也是無時不在的，問題在於沒有真正能體會禪意，發揚禪學的老師。所以黃檗才說「不道無禪，只是無師。」

在黃檗禪師的觀念裡，真正禪師教化眾生，有時擒，有時縱；有時殺，有時活；有時放，有時收，是應機施教，活生生，鮮朗朗，不滯空，也不滯有；能禮佛，能敬祖；也能呵佛、能罵祖，體用自如，一悟千悟。

能悟就不迷，迷了就不悟。悟道的人，絕對不會被人牽著鼻子走。悟道的心，也絕對不會被外在的情境所轉。悟道的境界，是淨寂清澄，山來照山，水來照水。能達到這樣的境界，自然有「山高哪礙白雲飛」的自在；「竹密不妨流水過」的輕安。

鷓鴣陣陣秋又深

——雪峰義存斷葛藤

福州雪峰義存禪師，泉州南安人，唐代知名禪師，嗣法德山宜鑒禪師，唐咸通年間回閩中，創建「雪峰院」。

有關雪峰禪師的事蹟與傳聞不少，根據記載，雪峰在嗣法德山之前，曾先到洞山禪師處作飯頭（在廚房裡工作）。

一日洞山禪師問雪峰：「作什麼？」

雪峰回答說：「淘米。」

洞山說：「淘沙去米，還是淘米去沙？」

雪峰說：「沙與米一齊淘去。」

洞山又問：「那大家吃什麼呢？」

雪峰聞言便覆蓋米盆。

於是洞山對他說：「你的因緣在德山。」並要他到德山處去見德山宣鑒禪師。

雪峰一到德山處，便問：「從上宗乘中事，學人還有分也無？」

德山宣鑒禪師聽後當頭給他一棒說：「你說些什麼？」

吃此一棒，雪峰似乎有些省悟。後來與巖頭禪師同行，走到鰲山，遇雪受阻，於是他對巖頭說：「我當時在德山棒下，有如木桶脫底相似。」

巖頭聽了大聲喝道：「你不見人家說：從門入者，不是家珍，必須是自己胸中流出，蓋天蓋地，方有少分相應。」

雪峰忽然大悟。

雪峰從德山與巖頭的棒喝中，究竟悟出什麼？悟道之事，本來就是如人飲水，冷暖自知的過程，雪峰悟了什麼，除了雪峰外，恐怕沒有人知道。但雪峰因一言半句，頓時晴空萬里，歷歷分明，確是不爭的事實。這一棒、一喝，就像坐斷天下人舌頭，無你「著意路、作情解、涉道理處。」

曹溪鏡裡絕塵埃

有一次雪峰向大眾開示時說：「盡大地撮來如粟米粒大。」這是充滿禪機的話，豈是凡夫俗子可以用常理情識，思量解說的？

要洞徹這句話的禪機奧義，必須先打破每個人思想上條條筐筐的羅籠意識，把得失、是非、對錯等一切相對分別一時放下，洒洒落落，不落情思；清清朗朗，不墜意解，自然透得其中玄妙，見他骨髓用處。

禪師們觀機逗教，有時將一莖草作丈六金身用，有時將丈六金身作一莖草用。不能也不應從心機意識中去思量，否則就會落入邊見，如同「鬼窟裡作活計」，任你神通廣大，也跳脱不出。

所以自古以來，大凡禪師度人，照用同時；卷舒齊唱；理事不二；權實並行，旨在「直下截斷葛藤」。因此禪師們所説的：「大凡扶豎宗教，須是英靈底漢。有殺人不眨眼底手腳，方可立地成佛。」所謂殺人不眨眼的手腳，就是要有：説「殺」就殺，説「活」就活，快刀斬亂痲的本事。

對這則「盡大地撮來如粟米粒大」的公案，雪竇禪師有頌云：

牛頭沒，馬頭回，
曹溪鏡裡絕塵埃。
打鼓看，君不見
百花春至為誰開。

禪師們的頌偈，最怕的是作「字解」，如果僅止於「說文解字」，恐怕要自外於禪機。雪竇所說的「牛頭沒，馬頭回。」這是時節因緣，尋常得像早上吃粥，午齋吃飯一樣，不需你去思索意想，他頌中的每一句話，都不需要你去「言上生言，句上生句，望文生義」，任何從文句中作解作會，不唯拖泥帶水，而且辜負古人真意。如果沒有任何意識情想的繫縛，就能夠了解「百花春至為誰開」的意境了。

比天空更遼闊的景色

不論深山幽谷，野外澗邊，也不論有人無人，有情無情，只要春天到來，百花都競開了。它的開，不為任何人開，它該開的時候開，該謝的時候謝，何必去問它為誰而開？只要洒洒落落，靜寂澄澈，不要說「盡大地撮來如粟米粒大」，就是盡宇宙撮來也只如一粒沙了。

十九世紀法國詩人雨果曾說：「有比大海更遼闊的景色，那是天空。有比天空更遼闊的景色，那是靈魂的深處。」禪師們也說，每個人都有「心包太虛，量周沙界」的本事，可見「盡大地撮來如粟米粒大」又有什麼了不得！平常心是道，只要能放任自然，就能洞燭雪峰的禪機。

布谷聲聲春才至，鷓鴣陣陣秋又深；
萬木爭生夏日短，北風嘯嘯冬雪沈。

四季推移如是，百花開謝如是，「時節因緣」，一悟千悟，會了也就不難了。

鳥啣花落碧巖前

——碧巖善會夾山境

僧問碧巖善會禪師：「如何是夾山境？」

師曰：「猿抱子歸青嶂後，鳥啣花落碧巖前。」

「碧巖」是指唐時武昌府濃州夾山靈泉禪院。因善會禪師答僧問，有「鳥啣花落碧巖前」句，所以就用「碧巖」泛稱靈泉禪院。

與靈泉院有密切關係的《碧巖錄》是禪宗的重要公案典籍之一，有「宗門第一之書」之稱。該書為明州雪竇重顯禪師所集結。書中集結禪門公案百則，每則均附有雪竇禪師對該則公案的偈頌。圓悟禪師又曾針對雪

竇禪師的頌偈加以評唱。是歷代研究禪宗學者極為重視的一本書。

圓悟禪師評唱雪竇的偈頌時，正住錫於夾山靈泉禪院。而夾山靈泉禪院承續的就是善會禪師所說的：「猿抱子歸青嶂後，鳥啣花落碧巖前」的禪風，所以雪竇作頌，圓悟評唱的這本書就命名為《碧巖錄》。

善會禪師的偈語究竟道出了怎樣的禪風，因禪家的體會不同，說法也就不一。但以禪宗的屬性與宗風，大致可以了解到那是一種回歸自然，總攝本性的思想理念。

「猿抱子歸青嶂後」，是暗指親情本屬天性，無分人獸。猿雖獸屬，與人有別，但親情本具，與人無異，就像蠢動含靈，佛性本具一樣，無有差別。這種「佛性本具」的天性，有時會被塵緣所染，習氣所薰而迷失本來面目。「猿抱子歸青嶂後」，就是指猿從青嶂來，必須回青嶂去，也就是說雖然人人「佛性本具」，還是要掃盡被後天薰染的塵緣，回歸到所來處，才能找到本來的真面目。

「鳥啣花落碧巖前」，鳥啣花草枯枝，目的是為築巢，有了巢，才會有歸屬的感覺，心身才有安頓的地方。所以這句偈語，意含著座落在武昌府澧州夾山的靈泉禪院，是「鳥啣花落」的心靈歸依處。

得月忘手　渡河忘舟

本來禪宗的「傳心法要」是：「不立文字，教外別傳，直指人心，見性成佛」，強調「言語道斷」，話說多了反而壞了悟道的機樞。所以禪宗玄旨是要大家「不隨一切言語轉」，文字本空，慎防掉入語言文字的陷阱裡，要有「無計情塵」的悟性，與「一刀截斷，洒洒落落」的作為，一落言語思慮，即乖違了至道。

善會禪師為了答僧問，說了兩句偈語，已嫌多了，我們再為這兩句偈語做了這麼多的「言詮」，更落入葛藤。不過「諦」有真俗，真諦以明「非有」；俗諦以明「非無」，真俗不二，即是聖諦第一義。現在真諦難論，我們只好權論俗諦了。

以手指月，目的在月不在手；以舟渡河，目的在渡不在舟，為了讓大家能沿手望月，能乘舟渡河，所以禪師不得不借手以指月，借舟以渡河。但得月應忘手；渡河宜忘舟；得意應忘言，否則諸多塵累，推豁不開，容易落入語言符號陷阱中。

理事圓融，有無兼暢，照窮正性，察其本末，正是禪家眼目，只要能「參得一句透，千句萬句一時透」，自然就「坐得斷，把得定」，去粘解縛不難，輕安自在亦易了。

道無橫徑，立者孤危

——鏡清禪師「母啄子啐」

僧問鏡清：「學人啐，請師啄。」

清云：「還得活也無？」

僧云：「若不活，遭人怪笑。」

清云：「也是草裡漢。」

在這簡單的師徒問答中，點出了很多、很深的道理，但如果沒有了稍加說明，恐怕就難以理解其中禪味。

這則公案的主角是鏡清禪師和他的徒弟。師徒兩人，一賓一主，一問

一答，在問答處，透露參學機用。目的就是要人在「石火光中別緇素，閃電機裡辨端倪」，在靈光一現中體悟玄機。

鏡清禪師，越州鏡清寺道怤順德禪師也，永嘉氏子，六歲不喫葷茹，出家於越州開元寺，後嗣法雪峰義存禪師，和本仁玄沙禪師、疏山太原禪師同輩，都是雪峰門下的知名禪師。

鏡清禪師在雪峰禪師處參得玄旨，獲得開悟後，常以「啐啄」的機用，開示後學。他擅長應機說法，配合特有的「啐啄」機用禪法，讓後學者受用非淺。

他曾對門徒說：大凡修行參禪的人，都必須「具啐啄同時眼、有啐啄同時用」的手腳，才稱得上衲僧禪子。只有在「母欲啄，而子不得不啐；子欲啐，而母不得不啄」時，才得自然解脫。

有禪僧問他說：「子啐母啄，於後學門徒，又得到個什麼？」

鏡清回答說：「得到個好消息。」

禪僧又問：「母啄子啐，於後學門徒，又得到個什麼？」

鏡清說：「能夠露個面目。」

鏡清禪師就是用這種「啐啄」的機用，來進行傳道、授業、解惑的工作。

既然鏡清禪師以「啐啄之機，開示後學」，那麼，什麼是「啐啄之機」？如果不先了解，對於整個公案的解悟就沒有交集了。

「啐啄」一詞，無論啐或啄，都有用嘴取食的意思。但在學佛裡「啐啄」一詞有機鋒相投的含意。

《楞嚴經義疏》曰：

> 啐啄者，如雞抱子，內啐外啄。

這是以母雞孵卵做比喻，母雞孵卵時，小雞在卵內欲出，用嘴吮卵殼發出的聲音為啐；母雞欲使小雞出殼，而吃殼為啄。以後學佛參禪的人，請求禪師開示，比喻為啐；而禪師開示學人，比喻為啄；禪人一問一答，機鋒相投，得大自在、得大解脫就被譬喻為「啐啄」。

《碧巖錄》第七則「法眼答慧超」公案：

僧問法眼，慧超洛和尚：「如何是佛？」

法眼云：「汝是慧超。」

有禪僧問法眼禪師，當慧超禪師問法眼：「如何是佛？」時，禪師為什麼回答：「汝是慧超。」

圓悟禪師評唱這則公案說：

法眼禪師有啐啄同時底機，啐啄同時底用，方能如此答話。

「啐啄」，就有裡應外合，應機施教的含意。

知道了「啐啄」的含意，再來探討這則公案的玄機，就輕鬆容易多了。加上禪師的下列垂示，就更清爽了然：

道無橫徑，立者孤危。言思迴絕。若能透過荊棘林，解開佛祖縛，得箇穩密田地，諸天捧花無路，外道潛窺無門，終日行而未嘗行，終日說而未嘗說，便可以自由自在。展啐啄之機，用殺活之劍，直饒恁麼，便須知有建化門中，一手抬一手搦，猶較些子。

所謂「道無橫徑」，是指道唯一乘，無有二法的意思。《法華經方便品》說：「十方佛土中唯有一乘法故。」就是在闡明這個道理。所以說「道無橫徑」，不必多生枝節，真理只有一個，沒有第二條路可走，因此站在真理「道」上的人，會有一種孤危的感覺。一步踏錯，千差萬錯；一足失誤，粉身碎骨，求道者、傳道者豈能不用臨深履薄的心情面對！

世間的一切事物道理，不是用眼見耳聞可以得知，也不是用語言思慮可以了解。因為眼見耳聞不一定真實；語言思慮不一定正確，而文字本空，妄想執著，是凡人的通病。如果能突破種種的執著障礙，解除自招自惹的種種束縛，心中就會穩穩密密的，絲毫沒有半點妄想執著。到了那種「實而不有，虛而不空」的境界，不論諸天捧花，或外道潛窺，都沒有門路可趁隙而入。

到了那種境界，心中如如，就有「放馬馳而不起塵，縱舟行而不留痕」的自在，故終日行而未嘗行，終日說而未嘗說，海闊天空，山高水深，自由自在，得大解脱。

但在得大自由、大自在、大解脱之前，必須先有開悟的過程。這種開悟的過程，就像母雞孵蛋一樣，小雞想從蛋中脱殼而出，母雞也在蛋外適時助一臂之力，如此機用相投，小雞很快就能掙脱蛋殼的束縛，以全新的面貌出現於世。

了悟生死 自在解脱

如果，小雞欲出，母雞不啄；或母雞欲啄，小雞不出，結果小雞難免身死蛋中。想想多少學佛參禪人，用功不可謂不勤，修行不可謂不力，但又有多少人從中得大解脫，大自在？啐啄之機，的確不可無啊！

對於這則公案：僧問鏡清：「學人啐，請師啄。」它的意思就是說：學生想得到自在解脫，請老師開示解脫之道。

鏡清對學生的請求，並沒有作正面回答，只是說：「還得活也無？」意思是說，解脫後還活不活？

僧說：「若不活，遭人怪笑。」在學僧的想法，解脫後當然要活，若不活，豈不讓人感到奇怪，被別人當成笑話嗎？

但一個得大自在，達大解脫的人，如果還有「死與活」的負擔，還有「毀與譽」的罣礙，還有厭死樂活的想法，那麼他那裡稱得上是自在解脫的人呢？

因此，鏡清禪師也就老實不客氣的回答：「也是草裡漢。」暗示禪僧有生死執著，不免「入泥入水」，落入草堆裡不得出，那有自由自在可言。

這則公案給人的啟示是：任何一位禪師的開悟，不僅必須經過一番「啐啄」的過程，還要能夠機鋒相應，要具「啐啄同時眼」，更要具「啐啄同時用」的手腳，否則只具啐啄同時的眼目，而不具啐啄同時的機用，小雞還是不得出，學人還是不得悟。

誠如雪竇禪師頌這則公案指出的：

古佛有家風，對揚遭貶剝，子母不相知，是誰同啐啄。啄，覺，猶在殼，重遭撲，天下衲僧徒名邈。

雪竇認為「啐啄之機」，皆是古佛家風，若了達此大解脫、大自在之道，便可「一拳拳倒黃鶴樓，一踢踢翻鸚鵡洲」。像熾盛的大火聚集，一靠近就燒傷顏面；又像鋒利無比的大阿劍，一觸鋒就喪身失命。這樣不執不著，了無掛礙，會有魔來魔燒，佛來佛斬的透脫，對於人世間的一切毀譽、世俗中的一切名利，紅塵裡的一切情愛，都能一起放下，豈不輕安。

但說來容易做來難，凡夫迷言滯句，在對答之間一經貶剝，就落入草裡。所以雪竇才說：「子母不相知，是誰同啐啄。」只有子母相知相投，才能啐啄同時，機鋒相應，孕育出一番嶄新的生命。

否則，母雖啄不能致子之啐，子雖啐不能致母之啄，子母不相知，啐啄不相應，學僧空有脫殼而出的願望，沒有得到老師的適時指點，還是深陷殼中，無法蛻脫。所以想蛻脫出新的生命，獲得徹底大解脫，先決條件就是要能「啐啄相應」，子母相知。

怎樣才算是「啐啄相應，機鋒相投」呢？那就要像香嚴禪師所說的：「子啐母啄，子覺無殼，子母俱忘，應緣不錯。」的境界一樣。說白一點，就是要有順其自然，物我兩忘，不執著於啐，也不停滯於啄，要有子母俱忘，主客俱無，情欲俱空，機緣俱泯的手段。

教育子女也該機用相應

雖然這是一則詮釋悟道過程，應有啐啄相投之機的公案，但用以做為一面鏡子，可以讓我們省覺到：教育子女何嘗不是應該「啐啄相投，機用相應」呢？

子女在成長的過程，不斷在蛻變，也不斷在轉化，在每一次的蛻變與轉化過程，身為父母的，要有「子欲啐，而母不得不啄」的體認，千萬不要有「揠苗助長」的想法，也不要有「填鴨式」的框架。子女是什麼機，就應投以什麼用，否則硬要將自己的想法，勉強子女也要有相同的想法；或硬要將自己預鑄的框架，勉強套在子女身上，這樣「啐啄不相投」，對父母、對子女都是一件痛苦的事。

禪宗古案新參，別有一番新覺悟，新收穫，凡扮演現代父母角色的人，為自己子女設想，不妨一參這則公案；而凡扮演現代老師角色的人，為自己學生設想，更需一參這則公案，「啐啄」同機同用，才能不斷產生仁智雙修的新新人類。

孤峰頂上草裡坐

——德山宣鑒點何心

唐朝著名禪師中，朗州德山宣鑒禪師算是個中特立獨行的一位。他的悟道事蹟，被歷代禪家津津樂道。

德山禪師本是一位講僧，他在西蜀（四川）研究《金剛經》，也講授《金剛經》，後來聽說南方有禪師大談「即心是佛」之道，和他所認知的「千劫學佛威儀，萬劫學佛細行」的認知不同，於是發憤擔《金剛經疏鈔》南行，準備前往南方破「即心是佛」的謬論。

他一路南行到了澧州，在路上遇見一位賣油餅的老婆子，由於他一路行來，又饑又渴，於是放下疏鈔，想買些點心吃。不想這位買油餅的老婆

子問他說：「你隨身挑擔的是什麼？」

德山禪師回答說：「《金剛疏鈔》。」

老婆子聽了之後說：「我有一個問題，你如果答對了，我布施油餅給你作點心；如果答不得，就到別處買去吧！」

德山禪師自信滿滿的說：「你且問吧！」

老婆子說：「《金剛經》記載：過去心不可得，現在心不可得，未來心不可得，請問你要點那個心？」

德山禪師無言以對，老婆子也就老實不客氣的指令他去參訪龍潭崇信禪師。

到了龍潭，德山不改狂傲不倨的本色，才跨進大門就大聲說：「久仰龍潭的大名，但到了龍潭，潭又不見，龍又不現。」

龍潭崇信禪師在屏風後面聽了這話，便引身而出說：「你已經親自到了龍潭了。」

德山聞言，若在迷，若在悟，只好暫時作禮而退。到了晚上，德山特地到龍潭崇信禪師的房間，一言不發的侍立在龍潭崇信禪師身旁，直到很晚還不走。龍潭崇信禪師對他說：「這麼晚了，你何不下去休息呢？」

德山聽後，心想，確實是很晚了，而崇信禪師又一直沒有給他任何開示，於是準備揭簾而出，但外面既無月光，又無星光，一片伸手不見五指的漆黑，只好回過頭來說：「門外一片漆黑。」龍潭崇信禪師慈悲心腸，立即點燃紙燭，交到德山的手上，正當德山伸手去接紙燭時，龍潭禪師突然將紙燭吹滅。就在這一刻，德山豁然大悟了，他千謝萬謝地向龍潭和尚禮拜稱謝。

龍潭崇信禪師問他：「你見個什麼？悟了什麼？為什麼向我禮拜？」

德山說：「我自今以後，更不會懷疑天下老和尚的舌頭了。」意思是說，對於「即心是佛」的道理，他會深信不疑了。

隔天，龍潭崇信禪師在法堂上說：「在座的你們之中，有一位頂天立地的漢子，牙如劍樹，口似血盆，一棒打不回頭，他時異日，向孤峰頂上立吾道去。」

龍潭崇信禪師向大眾說完話後，就退入禪房，只見德山取出疏鈔，在法堂前舉起火炬說：「窮諸玄辨，若一毫置於太虛；竭世樞機，似一滴投於巨壑。」說完將疏鈔付諸一炬。

一點圓光照盡大地

龍潭崇信禪師口中頂天立地的漢子，就是德山。果然他日德山宣鑑禪師將龍潭的法脈宣化天下，盛極一時。

對於這個公案，大家感興趣的是：德山究竟在龍潭崇信禪師忽然吹滅紙燭的舉動中，徹悟到什麼真理？否則他何以會從「發憤擔疏鈔行腳，直往南方，破這魔子輩」，轉而對龍潭的禪理深信不疑，而且終身奉行不渝呢？禪宗燈錄之類的書沒有載明德山開悟的心境，因為禪宗講究的是「直指人心，不落言詮」，這種以心傳心的結果，開悟的心境只有當事人清楚，其他的人都不能也難以臆測。所以訴諸語言文字的燈錄皆未詮釋公案的境界與意旨。如果我們要甘冒大不諱，強對這公案穿鑿附會的話，只好引用下列的偈語觀照體會了：

一點圓光才失照，
眼前覺路盡成迷。

紙燭的光，就像照遍宇宙大地的圓光，只要這點「圓光」一熄，大地立即一片黑暗，眼前歷歷分明的覺路，一時之間又陷入漫漫迷路中了。能做這樣的體會，或許對這則公案就會有較深的心得。

禪機較量　直指人心

有關德山宣鑑禪師的公案不少，每則公案也都有震聾發聵的啟迪作用，例如德山聽說潭州溈山靈祐禪師的教化很盛，於是直上溈山的法堂，從東走到西，又從西走到東，然後環顧四周說：「無無。」說完便出來。

對於這件事，雪竇禪師所下的評論是：「勘破了也。」

德山走到了門首，忽然自言自語的說：「也不得草草。」意思是說他不能如此草率，應該探個究竟，把溈山的「五臟心肝」掀去，和溈山法戰一場。於是整理儀容，再度入堂相見。

溈山仍然如如不動的坐定，德山來到溈山面前，提起坐具說：「和尚！」溈山打算拿起拂子時，德山便喝，然後拂袖而出。

此時雪竇又說：「勘破了也。」德山這一次不僅不再回頭，卻背對著法堂，穿起草鞋便逕自離去。

到了晚上，溈山問首座說：「剛來新到的那位，在什麼地方？」首座道：「當時背卻法堂，穿了草鞋走了。」溈山說：「這個人以後向孤峰頂上，盤結草庵，呵佛罵祖去。」雪竇針對這番話說：「雪上加霜。」

這又是一則行止怪異，迷樣似的公案，不了解個中玄機的人，還以為他們在打啞謎，演默劇呢！

事實上，這是禪師們較量禪機的精彩好戲，雙方不用語言文字談禪論玄，雙方用肢體動作「直指人心」。第一階段是互探虛實，所以德山進堂後，從東過西，從西過東，然後說：「無無」便出。溈山雲祐禪師面對突如其來的情境，不為所動，定靜如常。在溈山的修為上，他可能認為

「佛法無許多事，那得著得情見來」，儘管德山幌過東幌過西，並說「無無」，然後目中無人的走出，溈山還是如如不動。這一幕，雙方似乎在互探虛實。

第二階段，德山重新整理儀容，再度進入法堂和溈山相見，這才是一場談法論道大戰的開始。一個採攻勢，一個採守勢，就像「秋潭月影，靜夜鐘聲，如斯映，如斯響」，又像是「觸波瀾而不散，隨扣擊而無虧」一樣，玄妙之處，雙方心中了然。在論戰的過程中，溈山不慌不忙，表現出那種「智過於禽，獲得禽；智過於獸，獲得獸；智過於人，獲得人」的閒定。而德山的一喝，如同盡大地森羅萬象，天堂地獄，草芥人畜，一時皆作一喝。這一喝有如石破天驚，不知掀倒多少禪床，喝散多少大眾，這種坐斷天下人舌頭的手腳，如非溈山，恐怕難擋這一喝。

第三階段是結論，溈山的總結是：「此子以後向孤峰頂上盤結草庵，呵佛罵祖去在。」而雪竇的評論是：「雪上加霜。」兩人對德山都有高度評價。至於他們的真正含意，是否指德山宣鑑禪師已經了悟「心、佛、眾生」三無差別的道理，知道成佛在己，不在人，所以敢獨立孤峰上呵佛罵祖？就留待大眾參悟去吧！

孤峰頂上立，鬧市人裡行

——黃檗禪師「玄旨應機」

黃檗禪師和裴相國，一位是禪門名僧，一位是禪林名人，兩人是方外好友。論交往，他們的因緣殊勝；論參禪，他們在禪學領域中，相互參悟，引人入勝。

根據禪宗公案燈錄記載，裴相國是位參禪悟道，用功甚勤的居士，雖身居相國高位，卻仍然不恥下問，在修禪道上，走得那樣謙虛，那樣踏實，的確不易。

黃檗禪師和裴相國的交往過程中，曾有一段因緣，傳為禪門佳話，也列入禪宗著名公案裡，千百年來，大家對這則公案仍然苦思冥想，參悟不

輟。這則公案大意是這樣：

有一天裴相國把他修禪心得，寫下來，拿給黃檗禪師指正。黃檗禪師接過裴相國的悟道文章後，看都不看一眼，逕自放在案桌上。頓了很久，才問裴相國說：「你體會了嗎？」

裴相國說：「我不能體會你的意思。」

黃檗禪師說：「如果你還能做這樣的體會，總算你有些計較了。如果你把悟道的心得形諸紙墨，又那裡能夠找到禪宗的精義？」

裴相國聞言，若有所悟的讚頌說：

自從大士傳心印，額有圓珠七尺身。
掛錫十年棲蜀水，浮盃今日渡漳濱。
八千龍象隨高步，萬里香花結勝因。

擬欲事師為弟子，不知將法付何人。

頌詞一方面說明黃檗禪師「額有圓珠七尺身」的異相，一方面又描述黃檗禪師渡化人間的艱辛過程與駐錫道場，最重要的是讚嘆黃檗禪師的禪學龍象成就，與欲執弟子禮並傳承黃檗禪法的心情。

但是，黃檗禪師對於裴相國的讚頌，了無喜色，反而謙虛對應說：

心如大海無邊際，口吐紅蓮養病身。

自有一雙無事手，不曾祇揖等閑人。

意思是說：我的心像大海那樣無邊無際的平靜寬闊，心想口說，都是為了修養人身的病苦。雖然有一雙無所是事的手，但也不去作揖那些固步自封，自己困住自己的閑人。

從這則公案，我們感受到黃檗禪師的峭峻機鋒，若非大機大用，尋常很難體悟，也很難消受。

棒打三頓開慧根

再舉一個有關黃檗禪師的故事，當時臨濟禪師和睦州禪師都在黃檗的座下，睦州是首座弟子。

有一天，睦州對臨濟說：「上座在這裡已經多時了，為什麼不去問話頭，請禪法呢？」

臨濟說：「叫我問什麼才好呢？」

睦州說：「為什麼不問如何是佛法大意？」

於是臨濟就去問黃檗禪師「如何是佛法大意？」，結果三次都是一開口，就被黃檗一言不發的打了出來，讓臨濟禪師非常沮喪，覺得根基不夠，因緣不契，打算離開黃檗道場。

臨濟打定了離去的主意後，向睦州辭行說：「蒙首座指導，要我去問禪師：「如何是佛法大意？」，結果三次問話，三次都被打了出來，恐怕是因緣不在這裡，所以打算暫時離開，特來告辭。」

睦州聞言回答：「你如果真的打算離開，必須先向禪師辭行才對。」

當臨濟離去後，睦州心想這樣根基銳利的優秀人才，應該幫助他度過心理的障礙，找到悟道的途徑才對。

於是睦州搶在臨濟之前，先面見黃檗禪師，並向黃檗說明了臨濟準備離開的緣由，希望黃檗慈悲，能給臨濟作些開示，好讓這位有慧根的禪僧，將來成為一株禪門大樹，讓後人可以在這棵大樹底下乘涼。

黃檗禪師聽完睦州的話，心中有數，並向睦州說：「我知道了。」

不久，臨濟果然來向黃檗辭行。黃檗禪師對他說：「你離開後，不能到別的地方去，你要直接到高安灘頭，見大愚禪師。」

遵照黃檗的指示，臨濟直奔大愚禪師處，並把他三次向黃檗請法，三次被打出的情形述說了一遍，然後問大愚禪師：「不知道我的過錯在什麼地方？」

大愚禪師說：「黃檗這等老婆心切，為你徹底脫縛解困，你還說什麼有過無過。」

臨濟經大愚禪師這樣一點化，忽然大徹大悟說：「黃檗佛法無多子。」

大愚禪師聞言急忙把他揪住說：「你剛剛還說有過無過，現在卻說佛法無多子。」

不等大愚禪師說完，臨濟立即在大愚的脅下搗了三拳。

大愚見臨濟的三拳擂到，立即拓開說：「你的師父是黃檗，不關我的事。」

看了這則公案，我們覺得禪師的動作舉止，著實怪異，其實隱含很深的玄機。至於對其中玄旨領悟的深淺與多寡，就要看每個人根基的利鈍而定。

不論黃檗禪師與裴相國的公案，或黃檗與臨濟的公案，甚或臨濟與大愚的公案，都在突顯黃檗禪師「孤峰頂上立，鬧市人裡行」，縱橫自在的凜凜禪風。

黃檗的禪風是什麼？就是臨濟所悟的「黃檗佛法無多子」。黃檗教導禪僧要自參自悟，不希望門徒跟著他的模「打型造樣」，成為另一位黃檗。

峻峭凜凜的禪風

事實上黃檗只有一個，不能有第二個。每一個人都應「開自己的心門，走自己的禪路」。這就是為什麼臨濟三次問「如何是佛法大意」，三次被黃檗打出來的原因。

如果當時黃檗跟臨濟說了，臨濟所得到的，充其量只是黃檗的體悟，而不是臨濟自己的體悟，對臨濟的悟道無補，所以黃檗才不僅不回答，還要把他打了出去。

後人對黃檗禪師峭峻的禪風，有頌曰：

凜凜孤風不自誇，端居寰海定龍蛇。
大中天子曾輕觸，三度親遭弄爪牙。

古人說：「無翼飛天下，有名傳世間」，黃檗禪師渡化人間有「定龍蛇之眼，擒虎兕之機」，所以盡十方世界，乃至山河大地，都在黃檗禪師的手指之間。雖然禪風孤峻，不假人以顏色，但接受黃檗禪風薰陶的人，都能如沐春風，一時明明白白。

死水何曾振古風？

——龍牙頓悟證西來

龍牙問翠微：「如何是祖師西來意？」

微云：「與我過禪板來。」

牙過禪板與翠微，微接得便打。

牙云：「打即任打，要且無祖師西來意。」

牙又問臨濟：「如何是祖師西來意？」

濟云：「與我過蒲團來。」

牙取蒲團過臨濟，濟接得便打。

牙云：「打即任打，要且無祖師西來意。」

這兩則公案，情境大致相同，只是人物與地點有些差異。在兩則公案裡，我們看不到禪師對「如何是祖師西來意？」的正面回答。我們看到的，只是接禪板打人，取蒲團砸人的畫面。難道這就是祖師西來意？如果這就是祖師西來意，豈不是要折煞天下所有禪者嗎？

那麼，它是不是如龍牙禪師所說的：「要且無祖師西來意」呢？如果做這樣理會，那豈不是就是雪竇禪師所說的「死水何曾振古風」了嗎？

公案的主角是龍牙，他無端提出「如何是祖師西來意？」的千年無解問題，有如在平靜的湖水中，投下一顆石頭，引起陣陣漣漪，徒生無數葛藤。龍牙究竟是何許人？或許不少人對他感覺興趣。

《五燈會元》說：潭州龍牙山居遁證空禪師，撫州人也，嗣法洞山良价禪師。有大志，好參禪，遍歷名山大川，參學尊宿，先參翠微、臨濟，後參德山。

他問德山禪師：「學人仗鏌耶劍，擬取師頭時如何？」

德山引頸說：「這兒。」

龍牙說：「師頭落也。」

德山微笑的走開了。

事後，龍牙又去參訪洞山良价禪師。

洞山問他：「最近離開什麼地方？」

龍牙說：「剛從德山處來。」

洞山說：「德山有說些什麼話嗎？」

龍牙於是把他參訪德山的事說了一遍。洞山說：「那德山有說什麼嗎？」

龍牙說：「他一句話也沒說。」

洞山說：「不要說德山無語，且試將德山落的頭，拿給老僧看。」

龍牙聽了這話，忽然有所省悟，急忙轉身朝向德山道場的方向，禮拜懺悔。

德山聽到了這件事，說：「洞山老漢不識好惡，這人死了多時，救得有什麼用處，從他擔老僧頭遶天下走。」

之後，德山對龍牙的開悟，內心當然高興，何況龍牙到洞山處，只需洞山輕輕一點，就能豁然開竅，絕大部分的功勞，應算在德山的身上。如果沒有德山的事先醞釀孵化，洞山那有可能輕輕一啄，嶄新的龍牙就能破殼而出？開悟的過程，如人飲水，冷暖自知，這一點，龍牙自然了然於心，所以才會向德山道場方向望空禮拜，表達他的感恩之心。

既然開悟了 就要放下

對於龍牙的感恩心情，德山應該相當了解，但為什麼還要說：「這人死了多時，救得有什麼用處？」的話呢？

其實，他說這話並沒有惡意，反而是一記新的當頭棒喝，目的在提醒龍牙「悟是自悟」，要他相信自己有開悟的能力，也要他相信人人都有一顆成佛成聖的種子，種子能不能發芽，有時確實需要一些助緣，但最重要的還是在種子本身。德山希望他能認清這一點，否則又要陷入另一種謬思，又要回到未開悟的境界，所以才說：「救得有什麼用，從他擔老僧頭遶天下走。」意思是要龍牙不要把開悟完全歸功於他，更不要處處提到他，既然開悟了，就要放下，不要再「擔著」，否則束縛還在，還是未得解脫。

從上述龍牙禪師的參學背景，不難發現他是位根性聰敏，「擔一肚皮禪行腳」的人。而從他悟道的過程，也可以發現：他是經過一番潛伏醞釀之後，才在洞山的機緣點化下，到達開悟的彼岸。

了解龍牙的開悟背景與禪風，回過頭來，再看這則公案究竟隱藏著什麼玄機，告訴我們的，是什麼禪意。

龍牙在參學過程中，經歷山川，參見尊宿，為的就是要透澈禪機。他先參學翠微，再參學臨濟，又參學德山，最後參學洞山，雖然前幾次未能契入，但也從中有些許啟發，直到參學洞山良价時，或許是機緣成熟，也或許是靈光一現，如擊石火，似閃電光，只需洞山輕輕一點，就豁然開悟。

他悟到「本來無一物，何處染塵埃。」

他悟到「何必去問祖師西來意。」

不管祖師西來有意，還是無意，都不重要。即便「有意」，那也是祖師的意，不是龍牙的意，也不是翠微的意，更不是臨濟、德山、洞山的意，何必執著探究？

認清自己，做自己的主人，才是最重要，不去認清自己的「意」，而去追尋那了不可得的別人的意，豈非捨近求遠，緣木求魚？

圓悟禪師評唱這則公案時曾說：「棒頭有眼明如月，要識真金火裡看。」他認為：

大凡激揚要妙，提唱宗乘，向第一機下明得，可以坐斷天下人舌頭，儻或躊躇，落在第二。

禪師的棒喝，有如「明眼秋月，火裡真金」，識得一生受用，不識得終生葛藤。而這「識得」，必須「向第一機下明得」，否則擬思即乖，稍一躊躇，就要落第二義了。

從生至死，只是這個回頭轉腦

圓悟禪師進一步舉五洩參石頭希遷禪師的公案做說明：

五洩參石頭，先自曰：「若一言相契即住，不然即去。」

石頭據座。

洩拂袖而去。

石頭知是法器，即垂開示。

洩不領其旨，告辭而去。

至門，石頭呼之云：「闍黎。」

洩回顧。

石頭云：「從生至死，只是這個回頭轉腦，更莫別求。」

洩於言下大悟。

石頭所說的：「只是這個回頭轉腦」，就是指內在的自我，不求內在「真我」這位主人翁，而去求外在別人的主人翁，到頭來徒勞無功，就不必訝異了。

為了更進一步闡明這層意思，圓悟禪師又說了一則公案：

麻谷持錫到章敬禪師處，遶禪床三匝，振錫一下，卓然而立。

敬云：「是！是！」

又到南泉禪師處，依前遶床振錫而立。

南泉云：「不是！不是！此是風力所轉，終成敗壞。」

麻谷云：「章敬道是，和尚為什麼道不是？」

南泉云：「章敬即是，是汝不是！」

「是與不是」，都在每個人自己的心中。別人的「是」，不一定是自己的「是」；別人說「不是」，自己也並非一定要說「不是」，能夠讓自己當家做主，才能「當機承擔」，否則永遠被別人牽著鼻子走，在「死水裡作活計」，脫泥滯水，那能解脫。

所以雪竇禪師頌這則公案云：

龍牙山裡龍無眼，死水何曾振古風。
禪板蒲團不能用，只應分付與盧公。

盧公，是雪竇禪師的自稱。他曾題詩自貽云：

圖畫當年愛洞庭，波心七十二峰青。
而今高臥思前事，添得盧公倚石屏。

這是雪竇禪師參學過程的自白，從當年被「波心七十二峰清」的美景所吸引，而愛上了洞庭湖，到後來的「高臥倚石屏」，對良辰美景的無動於衷，大有「見山不是山，見水不是水」大死一番的沉澱與再度「見山又是山，見水又是水」的自適。這個時候，山已經變成翠綠的青山，水已經變成清澈的活水了；這個時候，「落花已隨流水逝，別有情境非人間」，人生道上已能縱橫自在，顛倒亂想，不復得入，又那裡會有執著呢？

狗子有佛性乎？

——佛家眾生三無別

佛經上說：「心、佛、眾生，三無差別」，這是一種「物無貴賤」的平等觀。而「眾生平等」的理論基礎，則建立在人人具有佛性的信仰上。

禪宗公案中，也曾討論過「狗子是否具有佛性」的問題。既然「眾生平等」，理論上，狗當然也具有佛性，又何庸置疑？只是人、狗異類，才引起許多人的疑問。

在「眾生平等」的理論基礎上，不僅狗具有佛性，一切「蠢動含靈」也都具有佛性；不僅一切有情具有佛性，一切無情也具有佛性。君不見殘瓦頹礫中，能散發出那股滄海桑田的感動力嗎？君不見花草樹木，也能散發沁人心脾的穿透力嗎？「道」就在瓦礫中，在花木上，在一切蠢動含靈裡。

宇宙萬物都具靈性

中國大陸「中通社」一則發自山東省濟南的報導，讓人感慨良深。該報導指出：山東省青州市一頭公牛，為主人耕地勞役十二年，到了年老力衰卻被主人視為無利用價值而賣給屠夫，這頭已通靈性的公牛不滿主人薄情寡義，憤而以角頂死主人。

報導說：現年六十三歲的青州市口埠鎮北大王村農民王連房，一九八四年春養了一頭種牛，十二年來，這頭牛為王連房拉車耕地，立下汗馬功勞。一九九六年秋後，王連房認為這頭牛無多大利用價值了，於十一月初找到買主，準備將老牛賣給屠夫。

買賣談成後，買主開車到王連房家拉牛，就在這時候，奇事發生了，這頭公牛似乎知道自己已被主人「出賣」了，正當買主要把老牛拖走之際，老牛突然奮力掙斷繩索，拚命向王連房衝過去，用尖利的角，頂住王連房前胸猛刺，直到王連房氣絕身亡，這頭憤怒的公牛才將牛角抽出。消息傳出，聞者莫不唏噓。

這是一則真人實事的新聞報導，有名有姓，有住址，也有人為證，一點都假不了。它給人以很大的啟示與警惕，那就是：宇宙萬物都具靈性，彼此互相依賴，同生共存，理應互敬互重，相互感恩。像王連房這等忘恩負義的行逕，為他勞役了十二年的公牛，王連房不僅不知感恩圖報，還將老牛賣給屠夫宰殺圖利。老牛當然義憤填膺，要和他同歸於盡了。

「狡兔死，走狗烹」，「飛鳥盡，良弓藏」，這是過河拆橋的行為，令人不齒。台灣有句諺語：「吃水果，拜樹頭。」意思是說當你在吃水果的時候，要懂得感恩果樹的根幹，沒有根幹，那裡會有果實可吃。

山東青州的這位農民，就是不懂得飲水思源，不懂得對勞苦功高的公牛感恩，甚至還要把畢生貢獻精力給他的公牛賣到屠宰場去，任人宰割，端上餐桌，難怪公牛要憤怒莫名了。

看了這則新聞報導，誰還敢說動物沒有靈性。其實任何動物都有靈性。它們的靈性和人的靈性並沒有兩樣。

再舉一個發生在台灣苗栗縣大湖鄉山區的新聞，雖然發生的時空不同，但值得人類省思的本質並無差異。

人之異於禽獸者幾希

據報紙報導，一名八歲林姓男童，自幼與家犬相依為命，導致生活作息與行為模式都和家狗相仿。社工人員獲悉後已把林童安置到教養院，由院方安排「復健」課程，設法儘快讓林童回歸正常「人」的生活。

這則發生在一九九六年十一月間的新聞，看了讓人鼻酸，林姓男童，自幼父親犯案入獄，母親離家出走，只好跟著祖父住在山上。只有半聾半盲的祖父，為了生活又必須早出晚歸的工作。林童朝夕相處的玩伴就只有家中豢養的一隻老「秋田」狗了。

十一月二十五日，住在林宅附近的一戶人家，因整天聽到一陣陣淒涼的狗吠聲，覺得事有蹊翹，忍不住前往一探究竟，結果發現林家的老「秋田」狗意外的被纏繞在樹枒之間，早已氣絕多時。而淒涼的狗叫聲就是林童匍匐在樹蔭下所發出來的哀傷叫聲。

鄰人見狀，馬上通知社工人員前來處理。社工人員表示，當他們抵達時，林童初見陌生人到來，四肢著地像「秋田」狗的形態，對著社工人員「狂吠」。等到他的祖父出面和社工員交談後，滿身髒兮兮的林童，像一般家犬一樣，認為「危機」已經解除，迅速爬回一直和「秋田」狗共住的「狗窩」裡。

徵得林童祖父的同意，社工人員將林童帶到教養院裡，並將他梳洗一番，妥為安置。經過三天的觀察，社工人員發現林童因長期與外界隔離，不但無法和常人溝通，而且日常言行都模仿狗的動作與聲音，比如吃飯用口不用手，吃完飯也習慣性的以舌頭舔手掌，除了睡姿與搔癢動作與家犬一模一樣外，喜怒哀樂的情緒表達，也都以狗的叫吠聲替代「人的語言」。

看了這則新聞，我們除了感慨台灣社會的人際關係已逐漸疏離與冷漠外，也深刻體會到：「人之初，性本善，性相近，習相遠」的道理。「人之異於禽獸者幾希？」人性、獸性、動物性，究竟有多少區別？中國大陸那位老農之於公牛；公牛之於老農。林童之於狗；狗之於林童，人性乎？

獸性乎？動物性乎？值得深思。佛經說：「眾生平等，佛性本具」，道理隱然存焉，學佛又何需外求？物又那有貴賤？所可貴或可賤的，無外乎是那顆是否仍然保有的清淨無染本心，還是受到外界薰染習重的無明心性。

茶語

根柯灑芳津，採服洞肌骨

——閒話茶的藝術

到過花蓮慈濟大學的人都知道：慈濟大學設有幽雅古樸的茶道室、花道室與書道室。三室一體而相連，墨香、茶香、花香，香香入鼻；筆影、壺影、盆影，影影成趣，不知羡煞多少青年學子，也不知贏得多少來訪賓客的讚嘆與稱譽。

茶道教室以雅取勝；花道教室以靜得趣；書道教室以樸出眾，各有千秋，各擅勝場。現在，不談花道室與書道室，就專談茶道室。

慈濟大學的茶道教室就在圖書館的正對面，位處書道教室與花道教室的中間。

走進茶道教室，一股襲人的清香撲鼻而來，那是紫檀木的香味。茶道教室就是以紫檀木為地板，以矮茶几為擺設，精心設計而成的「和式」空間。紫檀木的清香與亮潔的色調，讓人直接感受到它的「雅」。

茶之道，可做藝術看；可當修行觀。

說它是藝術，因為它的沖泡過程講求「雅」，它的沖泡器皿講求「美」。

說它是修行，因為它的環境講求「潔」，它的心境講求「靜」，它的一舉一動講求「禮」；它的應對進退講求「宜」。

對慈大的學生來說，術業須專攻，學識應充實，但為讓學生有「全人」的認知，人文的薰陶、藝術的修養與生活的品味，就顯得非常重要。醫學與各院系的專業，加上人文的薰陶、藝術的素養與生活品德的教育，這樣的學生，才能真正了解什麼是「仁心仁術」；什麼是「懸壺濟世」；

什麼是「尊重生命」，什麼是心靈深處的內涵。

慈大是先有醫學院，再有生命科學院、人文社會學院與教育傳播學院的。在醫學院創建伊始，就一直強調「德智並重」，「術德兼修」，「德」靠薰陶；「術」靠傳授。茶道教室做為「德業」的薰陶過程，自有其潛移默化的功用。

潔淨優雅的空間

走進茶道教室，就有一股清新幽靜的感覺，也有一股處處充滿生機的感動。室雖不大，氣氛卻很厚實，十張正方形矮茶几，張張潔淨照人，每張茶几可坐四人，四張蒲團，方方整整的擺在地板上，坐的人必須盤坐或跪坐蒲團上，這也算是一種訓練；一種體驗。訓練耐力，體驗耐性，讓精神更專一，讓行為更規矩。

茶道教室正面牆上，掛有證嚴上人佇立於茶叢間的放大照片，清翠欲滴的茶樹妝點了滿山的綠意，嶺頭雲霧飄移，增添了茶山的空靈，證嚴上人的衲衣布履，一種與大自然化為一體的神采，讓人有親臨「木蘭沾露香微似」的茶香意境，但覺心曠神怡。

茶道教室的右邊是一排經過精心設計的窗戶，僅用簡單的造形，利用有限的空間，擺設些盆栽，展現些茶史，與茶道教室的雅緻倒也相得益彰，憑增不少雅意。

走廊通道地面，採用紅色方形陶磚，這種陶磚色彩紅而不豔，樸而不拙，是四、五十年前台灣建築常用的地面建材，用它鋪設在茶道教室的走道上，顯得古意盎然。

講台設在正牆的左側，台面雖不大，設備一應具全，各種煮水泡茶器皿雖非精品，卻是纖塵不染。台高僅十餘公分，沒有突兀的感覺，目的就是不讓學生感覺老師高高在上。講台與學生間的距離只在半步之隔，用意是要和學生打成一片。在茶道教室裡，你不會有「老師授，學生受」的距離感，彼此之間的關係，就像三、五知己喝茶聊天那樣的自然暢意。

左面牆是一座不銹鋼製流理台，舉凡供水、洗杯、清理用水，皆由這裡供應，一切都那樣完美，那樣恰到好處，如果硬要說茶道室有設計上的缺點的話，不銹鋼流理台的設計可能是一個小瑕疵，因為整個茶道教室主體均為木製建構，走道地面也採古樸紅地磚，目的在表現那種沉穩、古雅的氣氛，不銹鋼流理台相對於整體造形，顯得有點不協調，這是設計上的美中不足。

面向茶道教室的左邊是書畫教室，右邊是花道教室，書畫的墨香；花道的花香，加上茶道的茶香與鄰近圖書館的書香，構成一股杏壇的芬芳。

中國飲茶始於漢朝

茶道，是中國古老的生活藝術，這門藝術東傳日本後，日本人把它發揚光大，並與禪的哲學相結合，演化出更迷人的禪式茶道。這種更具人文特色的禪式茶道，最近有回流台灣的趨勢，對台灣的茶道構成了衝擊，但也讓台式茶道增添了不少創新元素，讓台灣茶道重新出發，煥發出更動人的光芒。

提起茶，幾乎全世界的人都不會懷疑「中國是茶的故鄉」這個說法。因為中國人懂得飲茶，早在漢朝就已開始。

根據清人劉獻廷的《廣陽雜記》記載：

古人謂飲茶始於三國時，吳志韋曜傳：「孫皓每飲群臣酒，率以七升為限。曜飲不過二升，或為裁減，或賜茶茗以當酒。」

據此以為飲茶之證。案趙飛燕別傳：「成帝崩後，后一日夢中驚啼甚久，侍者呼問方覺。乃言曰：吾夢中見帝，帝賜吾坐，命進茶。左右奏帝曰：向者侍帝不謹，不合啜此茶。」然則西漢時已嘗有啜茶之談矣，非始於三國也。

《廣陽雜記》是清人的隨筆之作，是否可信，有待考證。但他要告訴大家的是：茶在中國做為飲料的歷史應遠溯秦漢，至少絕非遲自三國。早在作為普通飲料之前，古老的中國，把茶當做藥，本草綱目就把茶列入其中，想當年神農氏嘗百草，茶當是其中之一吧。

宋人林洪撰的《山家清供》一書曾說：

茶即藥也，煎服則去滯而化食，以湯點之，則反滯膈而損脾胃。蓋世之利者，多採葉雜以為末，既有怠於煎煮，宜有害也。今法採芽或用碎，以活水火煎之，飯後必少頃乃服。東坡詩云：「活水須將活火烹。」又云：「飯後茶甌末要深」，此煎法也。

可見在古人的心中，茶最早是做「藥」用，主要的作用是「幫助消化」。當然也做為「提神醒腦」之用。由於做為「藥」用，所以宋朝以前的人，都認為茶宜煎，不宜「湯點」。所謂煎，就是熬煎，也就是熬煮，就如煎中藥一樣，將中藥與水一起煎熬，然後倒出藥汁服用，這叫做煎服。茶既然當它是一種藥，當然宜煎，然後服之。而所謂「湯點」，就是用煮沸的水沖泡。宋朝以前飲茶大都用「煎」而不是「湯點」。

在中國，「茶」一名大噪，是始於唐宋時期。尤其唐朝文治武功，集一時之盛，人民豐衣足食，昇平繁華，難免在生活上要講究品味，於是「品茶」風氣於焉形成。

唐朝「茶」風大盛，一半得之於社會的繁榮，一半得之於陸羽的推廣與提倡。

大凡講究茶道的人，都會知道陸羽這個人。他所著的《茶經》是中國最早有關茶道的專門著作，也是後世研究茶道的人必讀的經典之一。作為茶道的開山祖師，有關陸羽的傳說不少。例如明代陳繼儒撰的《茶董補》，對陸羽的生世就有這樣的說法：

> 竟陵僧於水濱得嬰兒，育為弟子。稍長，自筮遇蹇之漸。繇曰：鴻漸于陸，其羽可用為儀。乃姓陸氏，字鴻漸，名羽。始造煎茶法。至今鬻茶之家，陶其像，置於煬器之間，祀為茶神云。

這是明朝以前，有關陸羽的民間傳說。陸羽早被民間百姓視為茶神，而茶肆也都供奉他的畫像，可見他在茶藝上確實具有神聖不可動搖的地位。

陸羽茶道出禪門

陸羽是位茶道高手，舉世皆知，無庸置疑，宋明時期，嗜茶之人所以把他看成偶像，奉為神明，不僅因為他著有《茶經》一書，教人泡茶、飲茶的方法，也因為他在煎茗的手藝上，確有高人一等的事實。

《茶董補》有這麼一段記載：

有積師者，嗜茶久，非漸兒偕侍不饗口。羽出遊江湖，師絕於茶味。代宗召入供奉，命宮人善茶者餉師，一啜而罷。訪羽召入，賜師齋，俾羽煎茗，一舉而盡曰：有若漸兒所為也。於是出羽見之。

故事中所說的「積師」，就是竟陵寺的竟陵禪師智積。傳說陸羽就是智積禪師在水濱撿回養育成人的。

陸羽年輕的時候，侍候智積禪師，年長後浪跡江湖。當時江湖人士稱陸羽為「竟陵子」，南越地方的人則稱他「桑苧翁」。智積和陸羽兩人關係密切，形同父子，雖然後來陸羽離開智積，浪跡天涯，但當他聽到智積禪師亡故的消息，哭之甚哀，並作詩寄懷曰：

不羡黃金罍，不羡白玉杯；
不羡朝入省，不羡暮入台。

千羨萬羨西江水，曾向竟陵城下來。

足見陸羽也是一位有情有義的人了。

這些民間傳說，只能當做品茗話譚。有關陸羽的正史記載，是在《唐書》隱逸傳中。隱逸傳記載：

陸羽，字鴻漸，一名疾，字季疵，復州竟陵人。上元初，隱苕溪，自稱桑苧翁。久之，詔拜羽太子文學，徙太常寺太祝，不就職。貞元末卒。羽嗜茶，著經三篇，言茶之源、之法、之具尤備，天下益知飲茶矣。時鬻茶者，至陶羽形，置煬突間，祀為茶神。

這則《唐書》的正史記載，說明了陸羽的身世，也肯定了陸羽提倡飲茶的貢獻。事實上，中國人的飲茶風氣，自陸羽《茶經》問世後，逐漸成為人們的嗜好，品茗才成為一股風尚，至今不衰。

由荼而茶

在古代，茶有許多別稱，如《茶經》說：「其名一曰茶，二曰檟，三曰蔎，四曰茗，五曰荈。」而最早茶字作荼，因為「荼」有三義，一是苦菜；一是茅秀，一是現在我們所說的茶，為了怕引起誤解，或混淆不清，自中唐以後，才正名為茶。

據現有文獻推測，茶最早產地大概在蜀地，也就是四川省一帶。春秋戰國時期，秦國佔取蜀地後，才把茶移植到各地。所以飲茶的習慣，也可能是從秦漢開始的。在秦漢之前，尚未找到有飲茶的文獻記載。例如周禮記載「凡王飲六清。」所謂「六清」，是水、漿、醴、涼、醬、酏，而沒有茶。

凡是講究品茶的人，差不多會對茶的品種相當在意，認為好的品種，沏泡出來的茶才是好茶，才能達到色、香、味具全的境界。這就是為什麼嗜好品茗的人，可以不惜巨資，不怕辛苦，上窮碧落下黃泉，尋購上選好茶的原因。

古人選茶，大都迷信產地，少論品種。陸羽《茶經》說：

山南以峽州，淮南以光州，浙西以湖州，劍南以彭州，浙東以越州所產為最上品。

這種以產地論茶品的說法，影響後世甚巨，直至明代顧元慶作《茶譜》，其品茶次第，仍承襲陸羽的論調。

以出身論英雄

即使在上述名茶產地生產的茶，其間還要被分出高下。據明朝許次紓所著《茶疏》指出：

江南之茶，唐人首稱陽羨，宋人最重建州，於今貢茶兩地獨多，陽羡僅有其名，建茶亦非最上，惟有武夷雨前最勝。

而清朝袁枚《隨園食單》則說：

天下之茶，以武夷山頂所生沖開白色者為第一，然入貢尚不能多，況民間乎？其次莫如龍井，清明前者，號蓮心，太覺味淡，以多用為妙。雨前最好，一旗一槍，綠如碧玉。而我見士大夫生長杭州，一入宦場，便吃熬茶，其苦如藥，其色如血，俗矣。除龍井外，余以為可飲者，陽羨茶碧色形如雀舌，又如巨米，味較龍井略濃。洞庭君山茶味與龍井相同，葉微寬而綠過之。此外如六安銀針、毛尖、梅片、安化，概行黜落。

從上述各朝代品茗名家的飲茶心得，我們確乎可以知道，因品茗者的口味好尚不同，對產地茶品的高下認定也不一。不過以產地論高下的刻板成見，似乎已成牢不可破的考評標準之一了。

這種以產地論茶品高下的見解，從經驗法則看，並非全然沒有道理。鑑定茶的好壞，茶的品種固然是重要因素，但產地的土壤、氣候等因素，也影響茶質甚巨。大凡好茶均產於丘陵，且多雲霧之地，產地的自然條件當然不能忽略。所以我們才說「以出身論英雄」的評茶標準，還有幾分道理。

雷鳴茶的神奇傳說

不過，有些地區茶葉之所以能享盛名，完全拜神奇傳說之賜。以盛名持久不衰的蜀地「雅州蒙頂茶」為例，就有這麼傳說，使得蒙頂茶更具傳奇。該傳說是這樣的：

蜀雅州蒙山中頂有茶園，一僧病冷且久，嘗遇老父詢其病，僧具告之。父曰：「何不飲茶。」僧曰：「本以茶冷，豈能止此。」父曰：「仙家有雷鳴茶，亦聞乎？蒙之中頂，以春分先後，俟雷發聲，多購人力採摘，三日乃止。若獲一兩，以本處水煎服，能祛宿疾；二兩，眼前無疾；三兩，換骨；四兩，成地仙。」僧因之中頂，築室以俟，及期，獲一兩，服末竟而病癒，至八十餘，時到城市，貌若年三十餘，眉髮紺綠，後入青城山，不知所終。

這則傳說，雖神化了蒙頂茶的功能，卻也指出一個事實，那就是一年的茶產中，以春季為最上，尤以春分前後，春雷鳴動，即時採摘者為最佳。直到現在品茗行家仍以「春茶」為上選。

評比茶葉的高下，除產地與季節外，茶的品種與製法也是重要考量。一般而論，茶種的種類繁多，從野生茶到栽種茶；從老品種到新品種，新茶種不斷產生，舊品種不斷汰換，改良茶取代了野生茶，加上製茶技術日新月異，製茶設備日愈精良，茶的品質越來越高，這恐怕是古代任何貢茶所難望其向背的。

依製茶過程的發酵程度，現在市面上的成品茶大致可分為不發酵茶、半發酵茶、全發酵茶三種。不發酵茶如龍井、碧螺春等綠茶類；半發酵茶，又可細分為輕發酵茶與重發酵茶，輕發酵如文山包種茶、宜蘭包種茶、白茶、凍頂茶、松柏長青茶、明德茶、鐵觀音、武夷茶、水仙等；重發酵茶，如烏龍茶、普洱茶等；全發酵茶，則有小葉種紅茶、阿薩母紅茶等。

喝茶成為生活的一部分

不發酵茶，色淡取其香；全發酵茶，色濃取其味；而半發酵茶，色介淡濃之間，而香味各取其半。至於其中優劣，各具千秋，完全視品茶者的喜好與口味而定。

品茗，幾乎已成現代人的時尚，尤其煞費工夫的「老人茶」不僅流行於台灣農村小鎮，而且流行於繁忙的大都會。在台灣的大街小巷中，幾乎大部分的家庭，都備有像樣的品茗茶具，許多人甚至可以一天無飯吃，不能一天無茶喝，喝茶幾乎已成現代人生活的一部分了。

古人視品茗為一種極為風雅儉德的事，所以非常講究「情境」與「氣氛」。明朝屠本畯的「茗笈」玄賞章裡，對這種千百年來盛名不衰的飲料，甚為讚賞，他說：「談席玄衿，吟壇逸思，品藻風流，山家清事。」換言之，品茗可助談、可以逸興、可以競風雅，可以排山清，歷代多少文人為它謳歌稱頌。

古人心目中的理想品茗情境是：松風、竹韻、石泉、漱流、花香、野村、山寺、流水、煙霞、寒星、灣月、窗明、几淨、晏坐、清吟。

為什麼品茗必須要有這樣「清幽雅靜」的情境呢？唐代詩人韋應物的〈喜園中茶生〉詩說得好：

性潔不可汙，為飲滌塵煩。
此物信靈味，本自出山原。
聊因理群餘，率爾植荒園。
喜隨眾草長，得與幽人言。

古今多少事　都付品茗中

一千多年前的古人眼中，茶之性是「潔」的；茶之味是「靈」的，因此飲茶的人是「幽」的，故品茗之境，應該是「雅」的。

唐朝人除了認為，茶性潔、味靈外，還有潤喉、破悶、清肌、醒腦、除憂、滌煩等功用。唐詩人盧仝詩云：

柴門反關無俗客，紗帽籠頭自煎喫。
碧雲引風吹不斷，白花浮光凝碗面。
一碗喉吻潤；二碗破孤悶；
三碗搜枯腸，唯有文字五千卷；
四碗發輕汗，平生不平事，盡向毛孔散；
五碗肌膚清，六碗通仙靈；
七碗喫不得，唯覺兩腋習習清風生。

盧仝可謂茶之知音者也，深得飲茶妙趣，大有「古今多少事，都付品茗中」的氣慨。他飲的茶必是好茶，同飲的人必是雅人，飲時的境必是幽境，飲者的情懷必是暢懷，那種從潤喉到破悶；從搜枯腸到發輕汗，從清肌膚到通仙靈，都是一種境界，一種享受、一種情緒的釋放與心靈的解脫。所以他接著又說：「蓬萊山，在何處，玉川子乘此清風欲歸去。」飄然似神仙，是品茗的最高情境吧！

親切有味的試茶歌

劉禹錫在〈西山蘭若試茶歌〉中，也詳細描寫了採茶、炒茶、沏茶、飲茶的山居與雅趣：

山僧後檐茶數叢，春來映竹抽新茸。
宛然為客振衣起，自傍芳叢摘鷹嘴。

斯須炒成滿室香，便酌砌下金沙水。
驟雨松聲入鼎來，白雲滿碗花徘徊。
悠揚噴鼻宿酲散，清峭澈骨煩襟開。
陽崖陰嶺各殊氣，未若竹下莓苔地。
炎帝雖嘗未解煎，桐君有籙那知味。
新芽連拳半未舒，自摘至煎俄頃餘。
木蘭沾露香微似，瑤草臨波色不如。
僧言靈味宜幽寂，采采翹英為嘉客。
不辭緘封寄郡齋，甎井銅爐損標格。
何況蒙山顧渚春，白泥赤印走風塵。
可知花蕊清冷味，須是眠雲跂石人。

劉詩親切有味，有人説熟讀可當盧仝七碗。而盧詩豪放不讓李白，談茶事津津有韻。但該詩「意在規諷」，那種不忘民憂的情懷，則又不讓杜甫。

陸龜蒙也是唐代的文學家，隱居江甫里，專事寫作，號「甫里先生」。性嗜好茶，在顧渚山下置有茶園，專種好茶，擅品佳茗，每年所收的茶，都親自品題，也可說是茶的另一知音好友。他曾和文友皮日休《煮茶》詩云：

> 閒來松間坐，看煮松上雪。
> 時於浪花裏，併下藍英末。
> 傾餘精爽健，忽似氛埃滅。
> 不合別觀書，但宜窺玉札。

一種閒情逸致的情懷，一種別無掛礙的心緒。與三、五好友，松間閒坐，看煮茗，觀茶浪，迎清風，聽松濤，談往事，論時勢，多少名利一時拋開；一切煩憂全部放下，此時神清氣爽，全無一點塵土氣，豈不快哉。

飲茶九難

茶，被奉為中國人的國飲，幾乎只要有中國人的地方，就有茶的蹤跡，在台灣，當然也不例外。

陸羽的《茶經》，對茶的推廣具有不可抹滅的貢獻，千百年來，這本被人懷念與研讀的小冊子，仍然被視為品茗的經典之作。

《茶經》共分為十章，一之源，述說茶的源流；二之具，說明了製茶的工具；三之造，論述了茶的製造；四之器，例舉了飲茶的器具；五之煮，教導正確的煮茶方法；六之飲，指導大家如何喝茶品茗；七之事，談一些有關茶的古今逸事；八之出，進一步評論茶的產地與其高下；九之略，簡略的再把茶事補說一次；十之圖，畫了一些插圖以供參考。

雖然事過境遷，《茶經》的參考價值隨著茶種的改良，製茶技術的改進，泡茶方法的出新，飲用習慣的變化，已經大大減低，但基本的品茗原則，還是被奉為圭臬。

陸羽在《茶經》中列舉飲茶九難：一是製茶難，二是鑑別難，三是茶器難，四是火候難，五是用水難；六是炙法難，七是茶末難，八是煮法難，九是飲法難。

他進一步指出九難的禁忌：

陰採夜焙，非造也；嚼味嗅香，非別也；羶鼎腥甌，非器也；膏薪庖炭，非火也；飛湍壅潦，非水也；外熟內生，非炙也；碧粉縹塵，非末也；樑艱攪遽，非煮也；夏興冬廢，非飲也。

這都是概括性與常識性論述，現代人看起來似乎沒有什麼了不起。其實，在一千多年前的唐代，又是飲茶風氣剛剛要盛行之際，對製茶、煮茶，飲茶的知識都相當匱乏，陸羽能把當時的人認為雕虫小技的有關茶的知識，有系統、有理論與驗証基礎的立説成冊，已是件了不起的事了，何況這本《茶經》一出，飲茶之風大開，陸羽就被民間供奉為茶神了。

宋唐以前，茶有觕茶、散茶、末茶、餅茶等不同種類。餅茶是茶葉經過斫、熬、煬、舂等過程製作而成，貯存在罐中，飲用時加水沖泡，叫做「痷茶」。或者加蔥、薑、棗、橘皮、茱萸、薄荷等調味和茶餅一起煮至沸騰，讓茶在沸湯中流轉漂浮。此時，有人將茶湯和茶沫一起喝，有人則把茶沫取出不要，只喝茶湯。但陸羽認為這種加料烹煮的茶，並非茶的真味，所以他批評說：「斯溝渠間棄水耳，而習俗不已於戲。」可見他對加調味料煮茶的風氣不以為然，認為這樣的茶就像溝渠間的棄水一樣，那有茶味可言。

為什麼古人煮茶要加調味料？主要是因為古人的製茶技術不像現代的人這麼進步，而貯存的器皿與方法也沒有現代的人這麼講究。何況古人的茶大多取自野生茶種，而野生茶種的品質良莠不齊，不像現代的人，對茶種加以改良種植，並給予良好的照顧，茶葉的品質要比古代高出許多。

從加料到回歸本色

由於古代茶葉的品質良莠差距甚大，製茶方法與技術也較現代人落伍甚多，所製出來的茶，帶有很濃的苦澀味，為了減低茶的苦澀，加入調味料，不失一種好的辦法。

《爾雅》云；「檟，苦茶。」又《廣雅》云：「荊巴間採葉作餅。葉老者，餅成以米膏出之。欲煮茗飲，先炙令赤色，搗末置瓷器中，以湯澆覆之，用蔥、薑、橘子芼之，其飲醒酒，令人不眠。」從上述古書的記載，我們就不難理解何以古人煮茶、飲茶要添加調味料了。

現代的人不同了，茶種不斷改良；製茶技術與方法不斷創新；製成後的茶葉包裝和貯存相當講究，對茶葉的防潮與防變質有很好的貢獻，而泡茶器具，無論材料、品質、造形、種類也都非古人所能望塵，現代人飲茶，要比古代人幸福多了。

雖然古人的茶葉品質，比現代人差了許多，可是古人對品茗的氣氛卻比現在的人講究。這可能是古人的生活方式和現代人的生活方式，截然不同的關係吧！

古代屬農業社會與封建官僚體系，生活步調比現代人緩慢許多。古人的休閒生活相當單調，不像現代人的多姿多采與多元化，而古時的飲料種類也沒有現代人的豐富，對飲料的選擇就比現代的人少得多，所以除了酒外，茶就成為飲界的主流。

有了上述諸多社會背景與時代背景的不同，飲茶方法與品茗文化，古今之間，多多少少存在著些許差異。

古人飲茶似乎特別講究過程與效果，對於喝茶時的感覺與享受固然重視，但不像過程那樣被詳細提及。

因此，陸羽《茶經》十章中，有九章在探討茶的產地、製造、茶具、用水、烹煮、火候與品茶逸事等，只有一章在探討飲茶的方法。

而宋代蔡襄所著《茶錄》上下兩篇，也只有上篇談論茶色、茶香與茶味，其餘的都在談茶的貯藏，茶的炙烤、茶的搥碾、茶末的篩羅與茶的用具如茶焙、茶籠、茶鈐、茶盞、茶匙、湯瓶等。似乎宋朝時代的人，把絕大多數的飲茶時間放在器皿與茶的烹焙過程。

明朝的情況也沒有兩樣，像許然明著的《茶疏》備載了產茶、今古製法、採摘、炒茶、收藏、置頓、取用、包裹、擇水、煮水器、火候、湯候、秤量、烹點、甌注、盪滌、茶所、洗茶等細節，對於品茗章節如飲時、宜輟、不宜用、不宜近，論客等雖稍有論及，但篇幅仍然不及茶器與過程的詳盡。儘管如此，明朝人已開始對飲茶文化中的藝術部分強化了。這點，在同是明朝時人屠本畯所撰《茗笈》中，表現得更明顯。《茗笈》分上下篇，下篇幾乎都在論述品茶的藝術了。

禮失求諸野

何以明清以後，飲茶的方式和唐宋以前有顯著不同呢？主要原因可能是唐宋以後製茶方法有了突破性的進展，茶葉的品質有大幅度的提升，以及朝代的興替，帶動文化的演變，例如宋朝過渡到明朝時，中間歷經了元朝，元朝的統治階層來自塞外的蒙古，他們把塞外民族的生活方式和文化風格，包括飲茶方式帶到中原，與中原的漢族飲茶文化相融合，使得漢人的飲茶習慣產生了「變化」，逐漸形成另一種有別於唐宋的飲茶文化。

俗語說：「禮失求諸野。」想了解唐宋時期的飲茶文化與藝術，或許日本的「茶道」有很高的參考價值。日本的古典文化，大多傳承自唐朝。不管願不願意承認，日本人對於保存「唐風」的作為，比中國人來得澈底與一貫。所以在日本的茶道文化中，我們似乎還可以看出一些唐朝茶藝的淡淡影子。

我們無意厚古薄今，也無意讓唐風再現，我們只希望飲茶文化在現代人生活中，再度發揚光大。

其實光大飲茶文化，早已在台灣默默進行了幾十年，在鄉村，在城市，在一般的尋常百姓家裡，似乎都可聞嗅出陣陣茶香。

喝茶，對現代的人來說，大致可分為三種類型，一是解渴，二是待客，三是品賞。

解渴是為了補充人體水分的需要，所以大杯大杯的泡，大碗大碗的喝，有茶香固然很不錯，無茶味也不介意，反正是為解渴而喝茶，管他什麼色、香、味。

品茶就不同了，既不是為了解渴，也非為了消暑，而是為了觀賞那茶的色，聞嗅那茶的香，享覺那茶的味、感受那品茶的意境，陶冶那幽遠靜潔的茶的性情。

台灣稱這種喝茶的方式叫「功夫茶」，也有許多人叫它「老人茶」。

稱它為「功夫茶」是取其「慢工出細活」的意境。說它是「老人茶」，是取其「閒逸古樸」的情緻，因為老人家喜談往事，一壺茶、一盤棋，可以讓他們天南地北，回憶從前，慨嘆古今。

不論叫它為「功夫茶」或「老人茶」，這種品茗的方式，除了講究在茶質玩賞茶具不斷求好與創新之外，在品茶的過程上有越來越講求古風的趨勢。

火候與湯沸的藝術

古人煮茶全憑直覺與經驗，今人泡茶則涵蓋理論與實務。直覺與經驗，是除了個人的主觀雅好外，講求藝術的成分大；理論與實務，是除了強調客觀的驗證外，講求科學的成分多。

古人煮茶論火候，講湯色，所以《茶疏》說：

> 火必以堅木炭為上，然本性未盡，尚有餘煙，煙氣入湯，

湯必無用。故先燒令紅，去其煙燄，並取性力猛熾，水乃易沸。既紅之後，方授水器，乃急扇之，愈速愈妙，毋令手停，停過之湯，寧棄而再烹。

從這段記載，可知古人烹茶之道，極重火候，烹之時，火要猛，熱要熾，又不能有煙氣，有煙氣則茶湯敗矣。為了達到火燄猛熾而無煙，因此用以烹煮茶水的柴炭選擇就相當重要。一般而論，質地堅實的木炭是上材，據說用松木煮茶最為上選，因為松木中含有油質，燒起來易燃易熾的緣故吧！

而在茶湯煮沸時，必須注意：不能讓水滾過了頭，水太老所烹出來的茶湯就不可食了。陸羽《茶經》說：

其沸如魚目，微有聲為一沸；緣邊如湧泉連珠為二沸；騰波鼓浪為三沸，已上水老不可食也。

這是陸羽的茶湯「三沸」論，被唐朝以後的品茗專家奉為金科玉律。如《茶疏》也這樣記載：

水入銚便須急煮，候有松聲，即去蓋，以消息其老嫩。蟹眼之後，水有微濤，是為當時。大濤鼎沸，旋至無聲，是為過時。過時老湯，決不堪用。

又說：

沸速，則鮮嫩風逸。沸遲，則老熟昏鈍。

從這些歷代有關茶道的經典之作中，不難看出為什麼煮茶的火候要猛熾，而茶湯又不能過嫩或過老。古人喝茶，尤其要喝好茶，實在太辛苦了，不過卻也從辛苦中得到喝茶的樂趣。

現代人就不同了。現代人喝茶，不管是喝「止渴茶」，還是喝「功夫茶」（老人茶），都較少注意火候的問題。因為現代人喝茶，水不是用電熱器煮開，就是用瓦斯爐燒開，沒有找尋柴火的問題，也很少人注意水是否超過三沸。

現代人泡茶，只講求水的溫度。因為現代人將茶的種類，依製造過程醱酵程度的不同，分為不醱酵茶、半醱酵茶與全醱酵茶。所謂不醱酵茶，就是一般人所說的「生茶」；全醱酵茶就是「熟茶」；而半發酵茶就是

「半生熟茶」。

泡生茶（不醱酵茶），開水的溫度最好在攝氏八十五度到九十五度之間，而泡半生茶或熟茶的開水溫度，最好維持在攝氏一百度。

茶的浸泡時間，和茶的醱酵程度也有關。熟茶的特色在重喉韻，浸泡時間宜短，浸泡時間長了，不僅茶色暗濁而且味帶苦澀，難以入喉。泡生茶的浸泡時間宜長些，但也不宜太長，太長亦有苦澀之弊，有違淡香本色。半生熟茶浸泡時間宜較熟茶長些，較生茶短些，因為半生熟茶的特色介乎熟茶與生茶之間，除了取其味甘外，還要取其茶香。

至於茶色方面，生茶色淡，熟茶色濃，半生熟茶色金黃。古人對茶色的喜愛，似偏淡白，但對金黃之色並不排斥，倒是對濃暗的茶色較不欣賞。就視覺而論，濃淡適中的金黃色澤，似較討好。不過只要透過精心製作出來的好茶，泡出來的茶色，應該是「濃妝淡抹總相宜」吧！

現代人飲茶，雖然免去擇水選柴之煩，但也失去烹茶過程的那種樂趣。

松風桂雨到來初，急引銅瓶離竹爐。
待得聲聞俱寂後，一瓶春雨勝醍醐。

這種煮茶的鮮明意境，古人能享受的，今人已不能領略了。

客雅則茶雅

現代人喝茶的很多，真正能品茶，而且能品出茶中三昧的很少。飲茶，依作用約略可分為三類：一是喝茶、二是啜茶、三是品茶。喝茶是為解渴，啜茶是為潤喉，品茶則為享受那分難得的茶趣。

歐陽修在〈醉翁亭記〉中說：「醉翁之意不在酒，在乎山水之間耳。」我們也可模仿歐陽修的語氣說：「茶客之意不在茶，在乎閑情逸致之間耳。」

於是要深得品茗佳趣，必先覓得品高志潔的脫俗雅友。品茶最忌俗客，客俗則茶味索然，所以《茶疏》云：

賓朋雜沓，只堪交鐘觥籌；乍會泛交，僅須常品酬酢。惟素心同調，彼此暢適，清言雄辯，脫略形骸，始可呼童篝火，汲水點湯。

可見古人品茗，不僅選茶，還要選客。客雅則茶雅，否則只堪酬酢，又有何樂趣可言。

此外，品茶時，賓主人數貴少而忌眾。因為「茶性儉，不宜廣，廣則其味黯淡。」宋朝蔡襄的《茶錄》云：

飲茶以客少為貴，客眾則喧，喧則雅趣乏矣。獨啜曰幽；二客曰勝；三、四曰趣；五、六曰汎；七、八曰施。

因此，品茶除獨啜外，以二至四位知己最宜，超過四位，就稍過了，如果七、八位以上就顯得喧囂乏味。

茶趣要從胸臆入　從心中出

茶的另一性格是隱逸，所以必須「人境兩宜」，才能突出品茶的意境。陸樹聲的《煎茶七類》云：

煎茶非漫浪，要須人品與茶相得。故其法往往傳於高流隱逸，有煙霞泉石，磊塊與胸次者。

喝茶與飲酒不同，飲酒須有豪客，不懼人多。當大碗酒，大塊肉，面紅耳熱之際，可以杯盤狼藉，可以斥聲喧囂。但喝茶須雅客佳士，最宜靜幽，甚忌粗童野客，尤怕市喧，嬰啼、人鬨。

又，茶性潔，故品茶時，務須窗明几淨，涼台雅室或僧寮道院，當然最好是松風竹月，晏坐行吟，淡談把卷，即使沒有道氣，也要有書卷味，要不然總不能讓不潔之氣，降低了茶味吧！

品茗最重茶趣，因為茶性高潔，所以採茶、製茶，最忌手汗膻氣、口臭多涕等不潔之人。

此外，茶性、酒性不相入，故製茶之人切忌沾醉。茶趣要從胸臆入，從心中出。能從胸臆入，則山堂夜坐，汲泉煮茗，樣樣趣入於心。能從心中出，則水火相戰，蟹目松濤，事事感應於外，即到茶成湯就，傾瀉入杯亦有一種雲光灩瀲，香氣撲鼻的快感，此時此刻幽趣天成，實在只能心會，難與俗人說了。

鑑、泡、品、飲皆可入趣

茶趣靠境成，也要靠培養，一個深得茶趣三昧的人，無論鑑茶、泡茶、品茶，無一不入趣，無一不以愉悅的心情領受。能領受，必會有心得；有心得，必能入趣，這就是我們說「茶趣」可以培養的原因。

唐朝詩人皮日休與陸龜蒙兩人，在《茶中雜詠》彼此唱和的各十首詩中，對茶塢、茶人、茶筍、茶籠、茶舍、茶灶、茶焙、茶鼎、茶甌、煮茶等都能一一吟頌，他們不僅頌出茶德、茶味與茶情，也頌出十足的茶趣。

例如，皮日休頌〈煮茶〉之趣詩云：

香泉一合乳，煎作連珠沸；
時看蟹目濺，乍見魚鱗起。
聲疑帶雨松，餑恐生煙翠，
儻把瀝中山，必無千日醉。

皮日休把煮茶的情景具象化了。當茶水初開，連珠沸起，蟹目魚鱗，形象鮮活；又水聲如雨，略似松濤，歷歷入耳，這種有聲有色的煮茶畫像，讓我們在千百年後的現在還能如臨其境的分享其中樂趣。

而陸龜蒙則唱和云：

閒來松間坐，看煮松上雪；
時於浪花裏，併下藍英末。
傾餘精爽健，忽似氛埃滅；
不合別觀書，但宜窺玉札。

皮、陸唱和，各有千秋，皮詩著重煮茶情景，以寫實勝；而陸詩著重煮茶心境，以寫意勝，不論寫實或寫意，兩人都深得煮茶之趣。

不厭飲　亦不厭玩

另外，茶性尚雅，雅則不俗。古代士大夫與騷人墨客，為標榜風雅，「凡登臨山水，必命壺觴」；但如果僅僅為了附庸風雅，而備茗碗薰爐，不是真為享受那煮茶品茗之趣，而攜碗帶爐的話，那麼「茗碗薰爐，置而不問」，是徒豪舉耳。

品茶何必只限於登山臨水，即使陋室閒居，茶熱香清之際，有客到門，閒談徐啜，固然茶趣盎然，而鳥啼花落，獨自品茗，悠然自得，其致亦雅。

嗜茶者不厭飲；即使不能飲，亦不厭玩，這是一種對茶趣的執著。「玩」就是把玩，就是欣賞。嗜茶到近乎「把玩」的程度，應算是茶痴了。宋朝蔡君謨（襄），就是近乎茶痴的嗜茶者，著有《茶錄》傳世。

蘇東坡對蔡襄的描述是：「蔡君謨嗜茶，老病不能飲，日烹而玩之，可發來者之一笑也。」

其實，嗜茶近痴者，何只蔡君謨一人而已，千載以下有同病者多矣！例如明朝屠本畯的《茗笈》曾記載《茶箋》作者自況云：「年老耽彌甚，脾寒量不勝，去烹而玩之者幾希矣。」又說：「因憶老友周文甫，自少至老，茗碗薰爐，無時暫廢，飲茶日有定期，旦明，晏食、隅中、餔時、下春、薰昏凡六舉，而客至，烹點不與焉，壽八十五，無疾而卒。」

自古文人多好茶

從早晨起床就烹茶、喝茶，一直到晚上睡覺之前，有定時的烹茶、喝茶，凡六次，其間還不算有客人來訪的烹飲，這種嗜茶如痴似狂的人，稗官野史記載的不少，而嗜茶雖未如痴，卻也雅好不釋者更多，如劉禹錫、柳宗元、蘇東坡等文豪皆是好茗中人，都有詠茶詩文傳世。例如柳宗元：「呼兒爨金鼎，餘馥延幽遐，滌慮發真照，還源蕩昏邪。」日與茗茶為伍外，也有「芳叢翳湘竹，零露凝清華，復此雪山客，晨朝掇靈芽。」的採茶經驗，享受那種「芳叢採茶」的樂趣。

又如詩仙李白亦有〈玉泉仙人掌茶〉詩云：

常聞玉泉山，山洞多乳窟。仙鼠如白鴉，倒懸深谿月。
茗生此中石，玉泉流不歇。根柯灑芳津，採服潤肌骨。
叢老捲綠葉，枝枝相接連。曝成仙人掌，似拍洪崖肩。
舉世未見之，其名定誰傳。宗英乃禪伯，投贈有佳篇。
清鏡燭無鹽，顧慚西子妍。朝坐有餘興，長吟播諸天。

李白人稱詩中仙，他的詩篇千古傳誦，是中國詩詞中的瑰寶。他一生好酒，對茶亦不排斥，這首〈玉泉仙人掌茶〉詩是他極少數詠茶詩作之一，對玉泉山的茶，給予相當高的評價。「根柯灑芳津，採服潤肌骨」，這樣的讚賞，把茶的芳香，生津解渴，並且有益健康的功能，表達得淋漓盡至。

煎茶的聲色藝術

當然，李白所詠誦的〈玉泉仙人掌茶〉，我們沒有見過，更沒有嚐過，是不是真的能「洞肌骨」，我們不知道，但可以知道的一點是：這種茶的形狀像「仙人掌」，和現在我們常見的「球狀」醱酵茶截然不同，這也提供給我們一個線索，那就是唐朝民間老百姓飲用的茶，多以綠茶或輕醱酵茶為主。

劉禹錫的詩文，大家也爭相傳誦，而前面我們提到的〈西山蘭若試茶歌〉是他詠茶佳作。他把煎茶的聲色，茶香噴鼻的醒酒除憂景象，讓人有親臨其境的感覺，尤其「僧言靈味宜幽寂，采采翹英為嘉客」，更把茶的特性點出，有畫龍點睛的巧妙。

宋朝蘇軾（東坡）的〈煎茶歌〉，描述煎茶的情形，更寫實，更引人入勝。〈煎茶歌〉云：

蟹眼已過魚眼生，颼颼欲作松風鳴。
蒙茸出磨細珠落，眩轉遶甌飛雪輕。
銀瓶瀉湯誇第二，未識古人煎水意。
君不見發時李生好客手自煎，貴從活火發新泉；
又不見今時潞公煎茶學西蜀，定州花瓷琢紅玉。
我今貧病嘗苦饑，分無玉碗捧蛾眉。
且學公家作茗飲，塼爐石銚行相隨，
不用撐腸柱腹文字五千卷，但願一甌常及睡足日高時。

「蟹眼」、「魚眼」、「松風鳴」；「蒙茸」、「珠落」、「飛雪輕」，傳神的形容，高度的煎茶藝術與美感，就在字裡行間擴散，使不解茶韻的人，都能躍躍欲試，共享那分「貴從活火發新泉」的煎茶藝術了。

追求意境調和

茶道，可以看成一篇詩詞；也可以看成一種藝術；更可以視為一種禪悅。

作為一篇詩詞看，它必須經得起吟詠；作為一種藝術瞧，它必須經得起鑒賞；而作為一種禪悅用，它必須經得起回味。

歷代把茶道視為一篇吟詠的文人不少，流傳後世的佳作更多，上述我們所舉的篇章，只不過是滄海中之一粟。茶之所以能成為中國人的「國飲」，這些詩詞的穿針引線，功不可沒。

把茶道看成一種藝術，境界更高。藝術講求的是美感，而美感一方面又是具體而微的直覺；一方面又是難以言說的情緒。但無論如何，作為藝術，必須經得起鑑賞，經得起玩味。

既然茶道是一種藝術，就不能失去藝術的本質。藝術的本質是一種感動力、一種穿透力、一種能讓人發自內心的情緒解放與昇華。茶道想在藝術本質上發揮愉人的效果，不僅在禮儀上、環境上、器皿上、動作上要精心設計，就是在和其他藝術品的搭配上，也要相輔相成，在意境上互作調和。

我們所以強調「意境調和」，是因為茶之所以異於其他飲料，在於與眾不同的特性。那些特性就是我們前面說過的：雅而不俗；靜而不喧；潔而不穢；儉而不奢；幽而不豔；逸而不媚；清而不濁。

因此，飲茶時不宜喧嘩，必須配以彬彬文質的交談，有禮的態度、溫雅的應對，飄逸的內涵、敦厚的情感、輕柔的動作。

飲茶與飲酒不同，係因茶性與酒性不同使然。飲酒時可以無視他人存在的豪放，動作可以不顧別人感受的粗獷，大碗酒、大塊肉，可以旁若無人，可以唯我獨尊，談的是恩怨情仇，說的是英雄豪傑。酒趣，用二個字可形容，那就是「豪氣」。茶趣也可以用二個字形容，那就是「雅趣」。

因為茶趣重「雅」，所以一幅脫俗的畫、一盆空靈的花、一首幽遠的詩、幾件淨潔質樸的茶具、幾位溫文爾雅的知心朋友，可以讓一場茶敘更幽雅，一場茗會更精緻。

茶道與禪趣

茶道自古以來就和禪道一直分不開，趙州和尚動不動就叫人飲茶去，可見飲茶和參禪有著不可分的關係。所以一般禪院與道場，都設有茶寮，以供茶飲，而飲茶又可「杜昏沉，醒心智」，是參禪修道人治昏沉的上好飲料，參禪學佛人，無不和茶結下不解之緣。

懂得茶趣的人不講究豪奢華豔，倒相當重視清淨幽雅；非常在意專注與愉悅，這和禪趣有異曲同工之妙。

日本茶道對「清淨的法則」和「統御的藝術」，念茲在茲，實踐力行。他們認為：唯有在清淨的法則和統御的藝術下，茶道的幽雅和精緻，專注和愉悅，才能更顯玄妙。

日本著名茶道家「松平不昧」認為茶道在純潔樸質的特質下，雖然隱藏著一種深切的意義，但它離不開知足常樂的特性。他說：

茶道之意，意在知足……知足常樂，僅符所需，即是茶道……為了茶室而持茶道者，未得其教。

適當的滋味

飲茶的藝術，重點應放在飲茶的心路歷程和那分清淨、敬重、調和和空靈的感覺。飲茶的環境只是客體，充其量僅能增加那股清淨、敬重、調和和空靈的氣氛而已，所以，如果過份重視環境的布置，而忽略了品茗的過程，就有喧賓奪主之嫌，非茶道之意了。

茶道的另一意涵在專心與靜慮。曾將茶道傳授給豐臣秀吉的日本古代茶師千利休，在解答有關茶道的問題時說：「你燃起炭火，將水燒開到適當的程度，而後使茶產生適當的滋味。」只這「適當」兩個字，何等專注，又何等靜慮，茶道的精神就在其中。

針對這一點，千利休吟出了他的俳句：

茶湯只此而已：

首先把水燒開，

接著將茶注入，

而後適度飲之，

須知全在這裡。

多麼簡潔易懂；多麼清澈明朗，一點沒有晦澀，全都值得嚼咀，無論燒水、注茶、飲用，都那樣專心一志，那樣思慮清淨，彷彿把宇宙萬物濃縮為燒水，把世界萬象幻化為注茶，然後用飲茶拋開了滾滾紅塵，就在這一刻，萬物皆靜寂，物我兩相忘，一片空靈，一種輕安，這就是茶道的奧秘；這就是禪悅的境界。

中日茶道的不同發展

從元朝以後，日本的茶道與中國的茶藝就分道揚鑣了。十三世紀蒙古騎兵入侵中原，帶來了北方粗獷尚武的文化，中國人便放棄了注意禮儀與情境的沏茶藝術，採取了比較平民化的泡茶方法。西元一二八一年日本成功地抵抗了蒙古的入侵後，傳自中國的唐宋茶道文化才得以繼續保存與流傳，並經過不斷的改進與融和，發展出了一套頗具古風而光芒四射的日本茶道藝術。

雖然中國茶道自十三世紀以後，特有的唐式古風逐漸式微，可是嚐茶好茗的風氣仍然代代相續。尤其對於茶趣的保存和發揚，還是不遺餘力；對於茶性的認識與研究，還是不厭其煩。

唐朝是中國歷史上少見的盛世王朝，在東西文化交流上也做出了貢獻。由於文治武功盛極一時，人文薈萃，文化也趨於精緻，飲茶的藝術也就在這個時期開始登峰造極。

陸羽的《茶經》問世，開啟了茶道的先河，他不僅把茶道精緻化，而且也把茶道理論化，尤其重要的是把茶道禪悅化。

禪學自達摩祖師東來並在中國的土地上播下第一粒種子後，經漫長歲月的融合，到唐朝已開花結果，收穫盈筐，締造了禪宗的黃金時代。而茶道也自唐朝起，開始大行其道，禪學與茶道就成為兩顆唐朝社會的燦爛明珠，兩者相輔相成，相互映輝，事屬必然。

以茶當藥非道也

何況陸羽《茶經》對茶的功能，曾做了大肆宣傳。《茶經》說：

茶之為用，味至寒，為飲最宜精行儉德之人。若熱渴、凝悶、腦痛、目澀、四肢煩，百節不舒，聊四、五啜，與醍醐甘露抗衡也。

不止此也，陸羽並摘取神農《食經》、華陀《食論》的論點，強調了飲茶可以有病治病，無病健身，提神悅志的神奇功效：

神農食經：茶茗久服，人有力悅志。（茶經）

華佗食論：苦茶久食，益意思。（茶經）

除了渲染茶的療效，陸羽也沒有忽略飲茶的口感與味覺。他說：

其色緗也，其馨欻（音備）也，其味甘檟也，啜苦咽甘，茶也。

有味甘潤咽的好處，又能悅志益神，難怪達官顯貴，平民百姓，趨之若鶩，蔚為風潮。

最近報章媒體常看到有關茶可抗癌的報導，喝茶風氣不盛也難。因為人只要到達生活無憂的程度後，最關心的就是身體的健康了，尤其現代人談癌色變，強調茶的抗癌功能，不正讓有千年聲譽的茶如虎添翼，廣受歡迎嗎？

其實，喝茶要有一套深層哲學，否則充其量只不過湊熱鬧而已，那裡有藝術可言。為抗癌而喝茶的人是把茶當藥喝，又那裡是飲茶之道；為趕時髦而喝茶的人，只把茶當裝飾，那裡有品味可說。

只有把飲茶視為一種賞心悅目的事，才能得到飲茶三昧。所以品茗要有天晴如斯、風雨如斯；好友相聚如斯、孤寂獨處如斯的自覺。能如此，不待他人肯定，茶味自在其中。

打開飲茶的歷史篇章，茶史源遠流長，唐朝茶風固足典範，但北宋茶風為之一轉，從個人品茗的講究，轉向「鬥茶」的愛好。

鬥茶真功夫

宋人「鬥茶」不僅較量茶器茶碗的造形、色澤與質地，更在茶色、茶香做了評比。在評比中能「茶」冠群雄的，自然風光得意，不可一世，評比不如人的，發奮再接再厲，傾全力，花重金，準備捲「茶」重來，這樣的鬥茶風氣，終於鬥出了福建飲茶史上，最光輝燦爛的一頁，也鬥出了讓日本人奉為瑰寶的天目茶碗新篇章；更鬥出近數十年來流行於台灣的「功夫茶」。

「功夫茶」顧名思義，就是要達到「器不厭精，飲不厭細」的境界。在台灣功夫花（老人茶）可說是如日當中，老幼咸宜。我有一位小外甥，年齡十歲不到，讀書不怎樣，就是愛喝老人茶，只要長輩圍繞茶座喝起老人茶，總會發現這位外甥嚇然在座，他學大人的模樣，有板有眼的注茶湯，觀茶色、聞茶香、品茶味，小口小口的緩喝徐啜。可見年齡不是距離，老人茶不是只限老人喝，現在的年青人亦趨之若鶩。

近十餘年來，台灣喝茶之盛，應歸功於「老人茶」的風起雲湧。老人茶的時尚風行，精華不在「喝茶」，而在「賞心悅目」的品茗過程。

「賞心」在於無形的心領神會，在於難以言喻的輕安自在；「悅目」則在於有形的感官享受，在於可以言傳的美感經驗。

壺中自有天地

做為一種美學，品茗應從茶具始，從品味終。因此，茶具就和茶味脫離不了關係，就成為賞心悅目中不可或缺的一環。

俗話說：「愛烏及屋」，中國人喜歡喝茶，連帶也喜歡茶具。自古以來，茶具分瓷、陶兩種，瓷器輕巧精緻勝，陶器厚重樸質，各有千秋，難斷良劣。有人說綠茶或發酵輕微的茶，宜用瓷製茶具，而全發酵或重發酵茶，宜用陶製茶具，這全看個人喜好，並非定則。

不論瓷製茶具或陶製茶具，重要的是要能讓人「賞心悅目」，要有助茶味與茶興。

許多因為嗜好茶道，也就是認真的蒐集各式各樣的茶具。於是茶壺的蒐集與鑑賞又成為品茶的另一附屬文化。「茶壺當推大陸江蘇宜興紫砂壺。」這種說法或許不新鮮，但卻被定為古今品茗鑑壺的通則。

其實，排除傳統的說法不談，台灣鶯歌產製的「茶壺」，不論造形，品質都較大陸宜興壺有過之而無不及，尤其造形設計的別出心裁，做工的精巧完美，都可以讓人把玩不厭。

宜興壺名氣大，有其悠遠歷史作烘托，而歷代確實也出現了幾位製壺的大內高手。如龔春與時大彬都是當時的製壺佼佼者，有詩云：

宜興作者推龔春，同時高手時大彬。
碧山銀槎濮謙竹，世間一藝皆神通。

飲茶、鬥茶，唐宋盛行，而賞壺雅癖，清人尤甚。清朝騷人雅士，除了品茗之外，賞壺也變成了品茗的必要與重要話題。

陳琰編輯的《藝苑叢話》中曾記載：

供春壺，茗具中上乘禪也。製此者有四家：曰董翰；曰趙良；曰袁錫；曰時鵬。鵬子名大彬，所製益擅其長，繼起者曰彭君實、曰龔春、曰陳用卿，皆不及大彬遠甚。大彬弟子曰李仲芳、製小圓壺，精絕、技在大彬之右。近時宜興摶砂為質，復加以饒州之鎏，光潤滑澤，卻失本真。

養壺即養心

隨著科技的進步與原料的開發，製壺的技術與品質一代勝過一代，過去被視為精品的名家壺，在我們的眼中可能只是一把不起眼的普通茶壺，但在當時可能是一把嘔心瀝血傑作。

是名家壺或是一般壺，其實並不重要，重要的是我們是否喜歡它。以個人而言，雖然蒐集百餘只「小茶壺」，但很少是名家之作，對於這一點，我並不覺得遺憾，我總覺得名家壺以名氣賣錢，壺質、壺形不一定真能出類拔萃，倒不如花小錢蒐集一些自己看得順眼的一般壺，既經濟又悅心，豈不快哉，何必迷信名家！

有了一把稱心的茶壺，泡起茶來會覺得親切與順手。不過要讓茶具更討人喜歡，讓一場茗會更刻骨銘心，那就要更注重茶具的潔性與保養了。

《茶疏》作者許然明說：

茶注、茶銚、茶甌，最宜蕩滌燥潔。脩事甫畢，餘瀝殘葉，必盡去之，如或少存，奪香敗味。每日晨興，必以沸湯滌過，用極熟麻布向內拭乾，以竹編架覆而庋之燥處，烹時取用。

這段文字，雖然簡明，但在告訴我們最基本的「養壺」之道。換言之，壺雖精，不養不美。而養壺的訣竅，首重「潔」字，次重「燥」字，只要保持潔、燥，時時勤拂拭，莫使惹塵埃，則茶壺亦靈物，在細心照顧下所煥發的光芒，必能獲我心。

茶具的流變

另一本探討茶藝專著的《茶箋》，也有這樣的記載：

> 茶具滌畢，覆於竹架，俟其自乾為佳，其拭巾只宜外拭，切忌拭內，蓋布雖潔，一經人手，極易作氣。縱器不乾，亦無大害。

茶疏和茶箋的作者，基本上所見略同，都強調茶具潔淨的重要性，只是在擦拭的技術上，有些許相左，究竟洗滌後的茶壺，應不應擦拭壺內，兩人有些歧異。就潔與燥的養壺要訣而言，我們覺得拭「外」不僅宜，而且「需」，至於拭不拭內，就隨個人的高興吧！但先決條件是拭巾宜乾淨，拭後宜掠乾。

茶壺與茶杯只是眾多茶具之一小部分。茶具的多寡與種類，依飲茶方式的不同而有不同。例如唐朝飲茶以煎烹餅茶為時尚，而煎飲餅茶時，必須經過碾、篩、煮等過程。每一過程，又需藉助相關茶具，因此陸羽的茶經就曾列出了二十四件茶具。

到了北宋，飲茶的過程逐漸簡化，從「煎茶」，轉為「點茶」，茶具也化繁為簡，北宋蔡襄《茶錄》，僅列出茶烘、籠、椎、鈐、碾、羅、盞、匙、湯瓶等九件。

元明以後，多用芽茶，飲茶方式為之又一變，由「點茶」轉變為「沖飲」形式，不僅過程更精簡，茶具也跟隨簡化許多，茶壺與茶杯成為僅有的主角。

選壺之道

一把好的茶壺，不僅要評比它的造形與質地，更要評比它的功能與出水的流暢度。紫砂壺雖然質地可以達到「透氣不透水」，冬可保溫，夏可防餿的功能，但如果出水孔設計不良，茶水流暢度不夠，還是稱不上一把好茶壺。

選購茶壺，要看緣份，也要有眼光。緣份是憑自己的喜歡與直覺；眼光是要有鑑賞的能力與閱歷。緣份是主觀的，別人不易置喙；眼光是培養的，別人可以給予忠告。

當你看中一把與你有緣（看起來順眼）的茶壺，說不定你就已起心動念了，至於是不是決定選它作為「長相左右」的品茗良伴，就要看你的決心與行動了。

在你下決定選購一把茶壺之前，你可以用聞、聽、看三個步驟來鑑定它是否值得你的青睞。

聞，是聞茶壺的味道，有些壺商為了讓茶壺顯得古香古色，刻意用人工的方法，進行染色或外觀的改造，以致使茶壺有了一股人工染色改造後的怪味道，這樣的茶壺最好不要買。因為茶性尚潔，有不良味道的茶壺，那裡能夠泡出好茶?再說,如果確是一把好的茶壺,又何需添加外物,雜染壺色,改變外觀!

聽,是用壺蓋輕扣壺身,聽它所發出來的聲音狀況。聲音以清脆悅耳為佳,如果音質混濁,沒有結實的感覺,恐怕就不是一把好壺。

看,是看造形,看是否有瑕疵。首先要看壺蓋是否達到密而不緊的要求?壺蓋與壺口的接觸,不能太鬆,也不能太緊。太鬆,表示蓋太小,不能保味,難以持溫;太緊,表示壺蓋太大,不容易啟開,最好是密而不緊,蓋而不漏。

人壺遇合的緣分

其次看壺面是否有氣孔。有適當的氣孔,壺內茶水才容易流暢倒出。所以孔雖小,作用卻大,不可忽略,有些茶壺造形不錯,質地也很好,就是忽略了氣孔，或氣孔位置與大小不適當，以至降低了壺的功用與價值。

接下來要看壺嘴與壺耳是否在一直線？通常一把好壺，壺嘴與壺耳應該不偏不倚，成一條直線，如果有所偏倚，也不是好壺。

當然，還要看壺內是否平潔乾淨？壺嘴銜接處，有否防止茶葉阻塞茶嘴的濾孔？不少標榜大陸宜興製的茶壺，都忽略了壺內壺嘴出口處的濾孔設計，以致出水口容易遭到茶葉阻塞，茶水流出不易，減低品茗過程的流暢度。最後，千萬記得檢視一下外觀，看看是否有裂痕、有缺口、有刮傷。總之，就是要仔細看看有沒有外觀上的瑕疵。

如果通過鼻聞、耳聽、眼看的檢驗，而你對它又越看越順眼，價格也稱心合意，那你就不妨痛下狠心把它買下，否則錯失良機，你可能會掛懷一輩子。

喜歡茶壺的人不一定喜歡品茗，但喜歡品茗的人絕大多數喜歡茶壺。

於是集壺、養壺變成一股風氣。集壺固然不易，養壺更需心血，能注入心血，就能給茶壺以生命。一把經心血灌溉的茶壺，看起來就靈性十足，顯得與眾不同。

老子《道德經》說：「道可道，非常道；名可名，非常名。」茶道是道非道；是名非名。道是非有，名是假名。道似有跡可循，其實空無一物；名似有物可稱，其實名無定名。茶道既然是一種藝術、一種修行，則其道在心，離心則無道可言。

茶壺宜小亦宜陶

不論《茶經》、《茶錄》、《茶董》、《茶疏》、《茶笈》，要告訴我們的，只是一種個人的體會與前人的經驗，體會與經驗都是發自於心，形諸於筆，訴諸於文的過程。要真正瞭解茶道，享受茶道之樂，體認茶道中所蘊涵的禪機，只有靠個人的的心領神會了。

既然「道無定則，全靠神會」，就必須允許有別於自己的雅好，專屬他人所有的茶趣。不過「雖道無定則」，但亦「有跡可尋」，前人或別人的意會，或許就是我們的參考處。

例如宋朝蔡襄《茶錄》云：

釃不宜早，飲不宜遲。釃早則茶神未發，飲遲則妙馥先消。

所謂「釃不宜早」，就是說茶沖泡了之後，不宜太早倒出，因為浸泡時間不夠，太早倒出，茶葉未開，茶香難馥，茶味難甘。而茶湯既已倒出，就不宜太遲喝，因為太遲了，茶香消散，飲之則無趣。

又如明朝許然明《茶疏》說：

一壺之茶，只堪在巡。初巡鮮美，再巡甘醇，三巡意欲盡矣。余嘗與客戲論：初巡為婷婷嬝嬝十三餘；再巡為碧玉破瓜年；三巡以來綠葉成蔭矣。所以茶注宜小，小則再巡已終，寧使餘芬剩馥；尚留葉中，猶堪飯後供啜嗽之用。

《茶疏》作者的上述總結經驗，跟我們所說的「茶宜三泡」的道理是相通的，三巡之後的茶，色已不鮮，香已不馥，味已不醇，茶趣盡失，那有樂趣。

所以功夫茶的茶具宜小不宜大，小則茶香易聚，大則茶味難凝。而功夫茶所用的茶壺除宜小外，亦宜陶，也就是說茶壺宜以陶製，瓷壺美則美矣，但不夠厚樸，且陶壺（尤其是紫砂壺）壺內能保留微小氣孔，透氣不透水，冬能保溫，夏能防餿，可以保茶葉原有香味。

上好的陶土產於中國江蘇宜興，宜興紫砂壺始於北宋，興於明朝，並流行於民間，直到現在，論壺者，還是推宜興紫砂為第一。

多樣的泡茶之法

談茶、泡茶、品茶、樣樣賞心；集壺、養壺、賞壺，事事悅目。茶沒有咖啡的濃烈，沒有牛奶的油膩，沒有可樂的辛辣，但其香溫和，其味甘醇，有醒腦之效，有悅情之功，尤其那其他飲料所無的茶道，無論怡情養性或會友談心，都有它的價值。茶之為用，可謂多矣，嗜茶者盍興乎來！

泡茶之法，除壺泡之外，亦有杯泡與碗泡。杯泡法是將茶葉放入杯中，以開水沖泡飲用。這種泡法簡單、快速，對上班族而言最實用。

碗泡或蓋泡是清朝康熙、雍正時期出現的一種泡茶方法，通常一個碗附一個蓋，碗與蓋在設計上，其造型與色澤是一整體的。碗泡的茶具均為瓷製，無論圖案、色調都有它的潔、美與雅。

壺泡流行於江南一代，包括台灣在內。通常杯泡取其方便，通行於大江南北，非常普遍。而蓋碗茶流行於西北與北方，甘肅、寧夏、青海、新疆、西藏等地區都能發現它的蹤跡。

尤其甘肅臨夏地區的穆斯林（回教徒）有這麼一句俗諺：

> 果茶奶茶酥油茶，比不上臨夏的蓋碗茶。

喝蓋碗茶是甘肅臨夏回族自治區的一種特殊嗜好，日常生活、招待客人都少不了甜滋滋的蓋碗茶。

蓋碗茶也叫蓋碗子，由茶盤、茶碗、茶蓋三件組合而成。茶碗放在茶盤上，茶蓋蓋在茶碗上，構成了「天、地、人」的組合。為防止左右滑動，茶盤中間沒有圓形凹坑，剛好足夠茶碗底部凸出處放置其中。

而碗蓋的設計稍小於碗口，泡上茶後，碗蓋扣入碗口內，有保溫和防塵的功能。當飲茶時，掀起碗蓋，又有攪合茶料及括去唇邊茶葉的作用。

蓋碗茶所泡的不純然是茶葉，還包括冰糖、桂圓、紅棗、枸杞等材料，依材料種類的不同，分為「三香茶」（糖、棗、茶），「白四品」（白糖、春尖茶、芝麻、果子）、「紅四喜」（紅棗、磚茶、紅糖、柿餅）、「五味香」（綠茶、芝麻、山楂、白糖、姜片）「八寶茶」（冰糖、茉莉茶、芝麻、紅棗、枸杞、桂圓肉、葡萄乾、核桃仁）等。

在西寧曾喝過蓋碗茶，當地人說「蓋碗茶」講究色、香、味。認為它「色澤美觀豔麗，香醇沁人，味甜潤口」，但對於一個喝慣功夫茶的南方人來說，除感到它的味甜之外，實在無法領略它的茶香與茶色。就純品茶的觀點而論，台灣老人茶要比西寧的蓋碗茶有「味」得多。這種「味」，不僅指香氣襲人的「茶味」，而且也指品茶過程的那種空靈寂淨的「禪味」。要解其中味，只有多品茶了。

禪境・茶韻

——禪之道與茶之道

茶之道與禪之道，有時一而二，有時二而一，千百年來，茶與禪之間有著千絲萬縷的關係。

茶性淡雅而甘醇，清香而提神，得天地之精華，涵雲霧之神韻，自然而婉約，矜守而自持，如稚子之純真，像澄潭之寂靜，可捲可舒，可葯可飲，既能品其謙沖虛漠之性，又有助參禪悟道之機，故有「茶禪一味」之說。

所謂「茶禪」，以茶參禪之謂也。所謂「茶禪一味」，茶禪同質，其用不異，體用一如，意境全在一個「悟」字。禪者以茶助禪，因禪悟心，茶心禪心，心心相契，是茶與禪的相融相成，禪與茶的相知相惜，茶禪混然一體的境界。那是一種恬安淡泊，靜寂清澄的境界；一種淨純淡雅，直指人心，直觀審美的境界；是一種「茶助禪悟，禪彰茶性」，體用不一不二的境界。

茶與禪的邂逅始於魏晉，盛於唐宋。尤其大唐盛世，文治武功威震四方，文化交流，商貿往來，僧侶絡繹於途，絲綢之路，商隊駝鈴，聲達西域；海上舟帆，來往南洋，茶馬古道，由蜀入藏，由藏入蜀，川茶與藏馬互通有無，各種文化相互匯萃，宗教信仰交互融通，東西文明相互鎔鑄，商品與工藝，相互觀摩，藝術與美學，相互切磋，文明的相互含融，地球村的雛形於焉成形。唐朝儒、釋、道並興，佛法大行，禪宗吸納了儒道思想，融入了庶民生活，佛法、儒道，禪風、茶風，集一時之盛。文人士大夫，修佛論道，品茗參禪，蔚為風氣，「茶禪一味」之說應機而生。

禪宗講究「平常心是道」，也就是說：「道」是極其平常自然，存在於日常生活之中。就如大珠慧海禪師答源律師問的公案：

源律師問：「和尚修道還用功否？」

師曰：「用功。」

曰：「如何用功。」

師曰：「飢來喫飯，睏來即眠。」

曰：「一切人總如是，同師用功否？」

師曰：「不同。」

曰：「何故不同？」

師曰：「他喫飯時不肯喫飯，百種需索；睡覺時不肯睡覺，千般計較，所以不同也。」

「飢來吃飯，睏來即眠」，自然平常，不需造作，無需計較。肚子餓了，該吃飯時就吃飯；身體累了，該睡覺時就睡覺，沒有許多需索，沒有諸多造作，不做刻意比較，也沒有諸多計較，一切隨緣自在，一切自在隨緣，不追逐虛幻的名利，不在意於世俗的毀譽，心如澄潭秋月，任其千江有水千江月，秋月依然秋月；又如藍天白雲，任其雲捲雲舒，無常幻化，藍天依舊藍天。外境雖有百般遷化，世間雖然新新代謝，心自平靜如如，不起漣漪，心自在了，宇宙萬物也一時自在了。

山高豈礙白雲飛

「山高豈礙白雲飛，竹密不妨流水過」，對禪者來說，平常心是道，道在日用尋常中，無需外求，不受境牽，正是所謂的「無處青山不道場，何需策杖禮清涼」，諸法平等，無處不在，就在心的迷悟之間。

趙州從諗禪師問禪僧說：「曾到此間麼？」

禪僧回答說：「曾到。」

從諗禪師說：「喫茶去。」

又見另一位禪僧，從諗問：「曾到此間麼？」

僧答：「不曾到。」

禪師說：「喫茶去。」

院主感到奇怪，問禪師說：「為什麼曾到的也云喫茶去，不曾到的也云喫茶去？」

禪師叫喚院主的名字，院主應聲：「喏。」

「喫茶去。」禪師說。

這就是有名「趙州茶」的禪宗公案，他要告訴我們的是：不管你是曾到，還是未曾到；也不論你是先到，還是後到，尋常日用，都無兩樣，沒有太多的知見分別，所以趙州都說「喫茶去！」

趙州「喫茶去！」除了禪宗所要傳遞的內涵外，也可以看出茶在唐代，已漸庶民化了。茶不再僅止於士大夫與騷人墨客相互酬對的雅事，更是僧俗接機論道，庶民日常應對的必需品了。時節因緣一旦成熟，茶禪的水乳交融，茶禪一味的水到渠成，一點都不令人感到意外，不論是以茶助禪，或是以禪喻茶，都有禪茶互顯之妙。

禪境本色　平常自悟

如果說「平常心是道」是參禪悟道的第一步，那麼「自性自悟」，則是禪宗契理契機的樞要，所以禪師說「知識見聞皆佛法，黃花翠竹也真如；鴉啼猿嘯堪生友，四面凡夫也是師。」只要「自性契悟」，隨手拈來，青青翠竹，鬱鬱黃花，潮汐漲落，人事代謝，無不處處隱含禪機，都可以不落理路，不著文字，直入本心，一悟千悟。人世間唯有時時保任平常心是道，才會好好活在當下，才會覺悟「自性自悟」的樞要，才能契入清淨本心，頓悟禪機。

茶性平淡甘醇，清如淨瀅晨露，淡如謙謙君子，不媚不俗，不攀不拒，正是禪「平常心是道」，「自性自悟」的本色。禪就是要從平凡平淡中悟入，從堅信本性清淨，不受物累，不受境牽，可以擺脫束縛，得大慈悲，大自在的禪境。

人世間，春去春回，花開花謝，緣起緣成，緣生緣滅，茶與禪就是在這樣的對話中，體用互顯，心境互彰。茶釋放了茶性，禪頓悟了禪心，時空就在剎那間凝住了，體用就在交會時互融了，此時「剎那蔓延成永恆，永恆聚焦於剎那」，這就是禪機，這就是禪味，這就是禪境。

因汶川地震的賑災因緣，作者曾數度進出蜀地，往來於綿陽、德陽、成都與雅安之間，感受了川蜀那悠遠歲月的歷史滄桑，見證了那日積月累煉鑄而成，絢麗而動人的人文風華。雖然「細數風流人物」的史詩隨著流沙歲月而逐漸遠去了，但「哲人日已遠，典型在夙昔」的豐厚哲思與陳年積澱的甘醇人文，依舊在蜀地綻放。尤其自三國時期，佛教傳入四川，歷經魏晉南北朝，到唐宋佛教大興，蜀地佛禪獨秀，直到現在，雖時過境遷，世代推移，但川人對佛禪的眷戀與對禪茶的鍾情，始終如一。

茶祖之爭

一位四川朋友很自豪的說：「你知道世界上最早用人工方式栽植茶樹的人是誰嗎？」不待我回答，他急著說：「是四川雅安蒙山人吳理真，因此我們稱他為『茶祖』。」朋友說話時神采飛揚，旁徵博引，指證歷歷，興奮之情，溢於言表。

他說：《名山縣志》，有這樣的記載：「西漢甘露年間（公元前五十三年），蒙山人吳理真馴化了野生茶樹，種植於蒙頂山五峰之中，是世界上公認人工種植茶樹的第一人。」

身為四川人，他以吳理真的成就為豪，我們自然能夠理解，也能夠理解他作為四川人，急於將吳理真拱上『茶祖』稱號寶座的殷切心情。但我們也知道：還有許多茶風鼎盛，茶史悠久的茶產區，也都聲稱自己才是茶文化的原創地，也都想在世界茶史中佔一席之地，自然不肯輕易地把「茶祖」這個稱號拱手讓給四川蒙山吳理真。於是對於吳理真是否真有其人；或吳理真是否確為西漢甘露年間的人，提出不少質疑。一時之間，學界與茶界，諸多正反論證與交鋒，使得吳理真的「茶祖」定位更加撲朔迷離。

二〇〇四年九月，在雅安舉行的「第八屆國際茶文化研討會暨首屆國際茶文化旅遊節」，來自二十八個國家和地區的茶文化學者與茶界產製專家，共同簽署並發表了《蒙頂山國際茶文化宣言》，確認蒙頂山為世界茶文明發源地與世界茶文化發祥地，至此吳理真的「茶祖」地位有了進一步的鞏固。

姑且不論吳理真是否確為世界公認的「茶祖」，但我們可以確知，唐宋時期蒙頂山茶已經聲名大噪，禪茶文化確已在蜀地紮下深厚根基了。根據歷史記載：唐天寶元年（公元七四二年）蒙山「甘露仙茶」就以貢茶聲譽正式入京，成為深宮後院，皇親國戚，高官士人所喜愛的茶飲之一。

細數蒙頂山茶的歷史，從清代雅安《名山縣志》的記載可以看出端倪：西漢甘露年間「吳理真親手栽種的七株茶樹，兩千年不枯不長，其葉細而長，其味甘而清，色黃而碧，酌於杯中，香雲蒙覆其上，凝結不散，被後人稱為『仙茶』。唐代起，用石欄圍起，先稱『貢茶院』，後稱『仙茶園』。明朝孝宗弘治十三年正式命名為『皇茶園』。」

對於蒙頂山皇茶的產製，縣志亦有詳載：「每年由十二名採茶僧（象徵一年十二個月），在『皇茶園』採摘三百六十片葉芽（象徵一年），按傳統儀式炒製後，作為『正貢』茶。正貢茶，皇帝只能用來祭天祀祖，不能享用。皇帝只能享用『皇茶園』外，五峰山間採摘下來的二十八斤『陪貢』茶。」蒙頂山茶作為貢茶，一直沿襲到清朝，歷經一千一百六十九年，從無間斷。

永興寺與禪茶淵源

雅安蒙頂山茶除有「貢茶」的身價之外，也以「禪茶」雅號聞名。「禪茶」一詞顧名思義，與佛教僧人進蜀弘法，以及唐宋禪宗大興有密不可分的關係。《名山縣志》說：蒙山佛教僧人種茶、製茶，始於南朝，到唐朝禪宗傳入蜀地，禪與茶相互融合，一禪一茶，一僧一俗，交互溶鑄，成為蒙頂山獨特的禪茶文化。

雅安的朋友也說：「禪茶一味」始出蒙頂山「永興寺」。而蒙頂山永興寺相傳「三國（二二〇至二八〇年）末年，天竺僧人空定大師在蒙頂山結茅，西晉（二六五至三一七年）年初，改茅為寺，名曰『大梵音院』，取其『梵音遠播三千界，各隨其心而得解』之意。」

晚唐（約八二一至九〇七年間）道宗禪師於大梵音院舊址上，進行重修並擴大規模，以其為「蒙山之龍脈」，有靈泉流注其間，更名為「龍泉院」。道宗禪師嗣法於南宗法脈，故首行「叢林清規」於蒙山，並將「茶禪並舉」。此時蒙山茶已列入貢品之列，衲僧善信，藉茶悟道，文人士夫，品茗參禪，蔚為風尚，「禪茶」之名不逕而走。

兩宋之際，西域僧人不動大師，自西夏，經夏州（今寧夏銀川）泛遊漢地，達蒙山重建「龍泉院」，更名為「蒙龍院」，並輯顯密經論而成傳世的《蒙山施食儀》，將佛教慈悲喜捨，予樂拔苦的襟懷擴及冥道有情，乃至六道一切眾生。不動大師的願深行篤，有如甘露普施，潤澤蒼生，故後世稱他為「甘露祖師」。蒙山「禪茶」因「永興寺」而名傳於世，永興寺也因蒙山禪茶而益增光輝。

蒙山「禪茶」雖有說不完的歷史與傳奇；有難以名狀的光芒與聲譽。事實上，蒙山「禪茶」之所以歷久不衰，自有其精緻與聖潔的採製過程。清代《名山縣志》這樣敍述：「春天茶芽發萌，知縣擇吉日，沐浴朝服，率眾僚及僧會，領眾僧人一起上山。由僧人住持法事，焚香禮拜誦經，挑選十二位僧人入「皇茶園」採摘仙茶，籠回智矩寺，由僧人製作，仍須誦經，淨心至誠，如此可得上品仙茶。」可見「皇茶園」禪茶從採摘到製作，皆由僧人用心至誠的親力親為，縣官只是從旁督導。

直到現在，「永興寺」仍然保留禪茶採製古風。採茶時節，僧眾一早成排肅立於悠揚佛樂聲中，沐手，焚香，禮佛，誦經。誦經畢，僧眾在佛樂中緩緩步入茶園舉行灑淨儀式。儀式結束，佛樂再起，佛經再誦，如是一絲不苟，走完程序，才開始採茶。正因為有這樣的專注虔誠，莊敬精細的採茶過程，茶樹有知，自綻空靈，禪茶交會，益添風華。

蒙山禪茶之講究

「禪茶」採摘，講究「三採三不採」。

所謂三採是：一、採一芽一葉茶，茶葉不許稍大；二、採陽坡茶於午前，陰坡茶於午後，以確保茶葉鮮嫩，汁水充足；三、採節令茶，禪茶在陽曆四、五月開採，超過時令決不採摘。

而所謂三不採是：一、化妝後不採茶；二、驕陽下不採茶；三、下雨天不採茶。

可見蒙山採茶之講究，規矩之繁多，出人意料的細膩與虔敬。也就是因為有這種對大地萬物的感恩與慈悲，對茶樹一芽一葉的虔敬與珍惜，才成其為「禪茶」的令譽。

採回鮮嫩芽葉，馬上升火刷鍋著手進行加工。「永興寺」的「禪茶」工序完全沿用古法，分為殺青、揉捻、乾燥三大步驟。但見一僧眾在火塘邊控制火候，多一根柴火，少一根柴火，都會影響炒製的溫度與品質。鐵鍋熱度達到攝氏六十度時，灶台邊的僧眾將鮮葉倒入鍋中，用手掌不斷翻炒，嫩綠的鮮葉在翻炒中漸漸捲曲。

然後出鍋揉捻，葉片經過輕輕揉捻成細小的捲條，再入鍋翻炒。如此「三炒三揉」後，將茶葉平攤在一塊白布上，白布底下是個大竹簍，竹簍裡用木炭溫火烘烤，茶葉慢慢脫水，散發出不同層次的香味。據說：溫度高，茶葉散發的是炒豆香；溫度適中，茶葉散發的是熟板栗香；溫度低，則大多飄散出淡淡清香。四斤鮮嫩的茶青，經炒製、脫水、乾燥，只能產出一斤左右的成茶。禪茶製成，僧眾們莊嚴虔誠地將新製「禪茶」置於杯中，供奉於佛祖座前，再用煮沸的山泉水沖泡，此時茶香氤氳，沁人心脾，頓覺神清氣爽，幽芳縷縷，繞之不去。

從僧眾沐手，焚香，鐘磬響起，佛樂飄揚，誦經、禮佛、灑淨、採摘、炒製、揉捻，脫水烘乾，禪茶製成，到供佛沖泡，這便是完整的禪茶儀式。

有記者這樣報導說：「在此之前，我一直沒明白茶與禪的奧妙，一直以為：茶，不過是一類飲品；禪，不過是佛家嘴裡的玄機。所謂的「禪茶一味」不過是佛家枯燥日子裡僧人們冥思苦想的一味調味劑。但當我坐在「永興寺」裡，品嘗一杯蒙頂甘露，看那秋色中一地金黃的銀杏，有一種寧靜沁入心底。我漸漸悟到，茶在飲，禪在參。無論在製茶過程中經歷了多少的捏掐和煎熬，茶葉走到生命的最後一步，散放的是芬芳和愜意，如此，還有什麼不美好呢？人生中，那些不快樂的人和事，也終究會煙消雲散。這，不就是禪的意境麼？」

至於我個人，有幸能三臨蒙頂山永興寺，目睹古寺風采，感受那歷史的風霜，與其曾經有過的傲人風華。在斑剝的牆瓦間，在鮮苔的石階上，在簡樸的佛殿裡，我似乎和東來傳法的西域梵僧相遇了，用最謙卑的心，透過寺院內的一瓦一牆，一花一木和他們對話，我景仰他們的弘法毅力，感佩他們佛法普施的慈悲，體會他們將禪與茶相融相成的用心。在永興寺照海法師與其弟子普明法師的接待下，親聆永興寺流傳千年的法脈歷史，親嘗了該寺熬煮的豆漿稀飯滋味，一杯「甘露」禪茶，一間簡樸禪堂，僧俗在茶香禪味中，共話佛門軼事與兩岸情緣，共享千百年來一磚一瓦，一階一台，一樓一閣，梵音共沐，僧俗共修，禪茶同參所積澱出來的自在與空靈。

參禪品茶自得玄機

參禪如品茶，品茶助參禪。農禪一家，禪茶一味。禪，重在一個「參」字；茶，重在一個「品」字。無論「參」或「品」，重點都在於親悟親證，都在於直指人心，見性成佛，只要「繫緣修心，藉事練心，隨處養心」，就可達到禪茶一味，心佛一如的境界。

自古以來，不論庶民百姓或是皇家貴冑；不論農林漁牧或是文人巨賈，都有一套屬於自己喝茶的哲思與美學；深知生活情趣與茶韻的人，也都會說出一套自己品茶的講究與道理。「觀其形，聞其香，品其味」，幾乎是喜好品茶的人共同的說詞。至於茶的形、香、味，何種為佳，因每個人好惡有別，就眾說紛紜了。譬如有人喜歡綠茶，是欣賞綠茶的那分清香；有人偏好紅茶，是賞識紅茶的那分濃郁；有人欣賞烏龍茶，是迷戀於烏龍茶那分迴盪舌尖的甘醇。佛法有謂：「法無定法。」茶之道亦如是，濃淡厚薄，隨人而異，皆有可樂，亦皆有可喜，所以才會有各種不同的採製方式，那麼多發酵程度不同的茶品產出，目的就是要讓芸芸茶客，各取所需，各擇所愛。

但如果要把品茶當成一種美學藝術，一種論道參禪，一種禮儀待客，一種談笑歷史，一種點評人物，一種吟風詠月，一種酬對雅事的話，那麼就確實需要有一套讓人賞心悅目，渾然忘機的茶藝與茶序了。不論「茶道」或「茶藝」，「茶技」或「茶趣」，作為一種忙裡偷閒的生活美學；作為一種談禪論道的機辯調味，過程都須「存乎心，應乎情，融於境，宜於人」，才能渾然自得，達到禪茶三昧的境界。

蒙山禪茶歷經千百年的演化，發展出一套獨特的茶韻與禪境，當地人稱之為「品茶十二悟」，一茶序，一悟境，都代表著一種對生活的態度與對生命的啟發。

一悟「高山流水」——「壺中盡是三千功德水，分茶細聽偃溪流水聲。」

二悟「回頭是岸」——「人生沉浮知多少，車到山前應回轉。」

三悟「梵我一如」——「放下亦放下，何處來牽掛，做個無事人，談笑星月花。」

四悟「止觀雙修」——「心淨天地大，懷中有乾坤。」

五悟「佛祖拈花」——「身是菩提樹，心如明鏡台，時時勤拂拭，莫使惹塵埃。」

六悟「漫天法雨」——「百鳥不來春又喧，憑欄溢目水連天；無心還是今宵月，照見三千與大千。」

七悟「法海聽潮」——「茶笋盡禪味，松杉真法音。」

八悟「普降甘露」——「西來法沫，一瓢甘露，我雖未始師披納，此理同師悟了然。」

九悟「醍醐灌頂」——「野泉烟火白雲間，坐飲茶香愛此山。」

十悟「涵蓋乾坤」——「一卷經文，沼林溪邊證慧業；千湫祀典，旗槍風裡異神鬼。」

十一悟「達摩面壁」——「浮生自是無空性，長壽何曾有百年。」

十二悟「萬流歸宗」——「七碗受至味，一壺得真趣；空持百千偈，不如吃茶去。」

這十二悟，其實就是品茶的十二道茶序。每道茶序都蘊含無限玄機，都可以體會其中的禪味與茶趣。

茶水注林　法海聽潮

煮沸泉水，注水入壺，有如「高山流水」，只要有足夠的靜心，就可以聽到注水入壺時偃溪般的潺潺流水聲，體悟杯杯茶水都是天地共同成就的功德水，都應珍之愛之，惜之寶之。

沸水沖茶，茶在杯中載沉載浮，從中感悟人生的無常與名利的虛幻，「回頭是岸」，當回頭處且回頭，莫被沉浮不定的名利所拘絆。

「一切有為法，如夢幻泡影，如露亦如電，應做如是觀。」無常迅速，新新生滅，未曾有一事，不被無常呑，因此，人世間須懂得「放下」，甚至連「放下」的念頭都應放下，才能真正做到「了無牽掛」，才能做個隨緣自在的無事人，這才稱得上「梵我一如」的境界。

有了「梵我一如」的體悟，了知「一切唯心造」，靜寂清澄，志玄虛漠，頓覺天地無限寬廣，只要能「心包太虛，量周沙界」，哪有「人我」

之分？何來古今之別？一切放下了，一切洞見了，這就是「止觀雙修」，這就是悲智雙運。

「佛祖拈花」，契入佛心，了知眾生平等，人人佛性本具，只是眾生無明，塵埃障心，若能時時拂拭，塵去光生，就能照見三千大千的真如實相。任憑春花秋月，鳥叫蟬鳴；任憑秋水連天，夏風冬雪，我心依舊如如；管他外境紅塵滾滾，世俗名利浮沉，我心依然自在，心靜不起波浪，塵囂不動禪境。

茶水注杯，「漫天法雨」，遍灑大千，潤漬萬物，其聲雖微，但「莫道無言，其聲如雷」，悟入「用眼聽，用耳觀」的禪境，就能眼聽海濤拍岸聲，耳觀潮起潮落狀，悟出「法海聽潮」，聲聲入耳耳人目的禪趣。

茶湯入杯了，「普降甘露」了，就像佛法西來，洪注大乘，悲濟有情。事有不同，理無二樣，不分凡聖，不論愚智，都能契機直入。哪怕野泉吹烟，哪怕白雲青山，萬物皆是法，處處是道場。所以說「青青翠竹盡是法身，鬱鬱黃花無非般若」，有了這等契悟，如人飲水，自證自知，如同「醍醐灌頂」，豁然通達。

沼林溪邊，一卷經文；旗槍風裡，千湫祀典，茶水法水，禪境茶韻，證慧悟道，了脫生死，森羅萬象，超越時空，鋪天蓋地，「涵蓋乾坤」，泯然忘機。

證入「涵蓋乾坤」，了知「一切諸法，自本來今，性相空寂，無大無小，無生無滅，非住非動，不進不退，猶如虛空，無有二法」的悟空不住空，悟有不滯有的「真空妙有」禪境，即是「達摩面壁」九年所修證的「因緣所生法，我說即是空」的實證真諦。

天下沒有不散的筵席，禪茶一味到了「六碗通仙靈，七碗喫不得，唯覺兩腋習習清風生」，茶也足了，禪也參了，「萬流歸宗」，該是結束茶席，回歸生活的現實面了，該是面對當下生命的起落，把握當下因緣生滅的時候了，不逃避現實，不滯空滯有，不在幻化的虛妄中生滅輪迴，否則即使誦持佛經千百偈，都非「禪茶」的真諦與真味。茶席終了，一切回歸生活常態，用一顆平常心，該休息的時候休息，該工作的時候工作，該吃飯的時候吃飯，該睡覺的時候睡覺，沒有諸多的需索，也沒有太多的計較，對境心不起，無處不道場，活得心安理得，活得逍遙自在，茶席雖然散了，禪境依然不散。

龍行十八式

除了「品茶十二悟」外，「龍行十八式」，「天風十二品」也是蒙山「禪茶」的特有茶技與茶藝。

「龍行十八式」相傳是北宋高僧禪慧大師在蒙山結廬清修時所創，是僧人日常修行的一門功課。當時禪慧大師為了「以茶弘道，以藝示茶」，融合武術、舞蹈、禪學與易理於一爐，精心研創而成，直到現在仍然是蒙山禪茶文化最具特色的表演藝術。

金庸武俠小說裡有「降龍十八掌」，那是虛幻小說中的武功絕學；蒙山禪茶有「龍行十八式」，那是真實世界的高超茶藝與茶技，一招一式以「龍」命名，從第一式「吉龍獻瑞」，依序「玉龍叩月」、「驚龍回首」、「烏龍擺尾」、「祥龍行雨」、「白龍過江」、「潛龍騰淵」、「威龍出水」、「青龍入海」、「亢龍有悔」、「龍吟天外」、「猛龍越海」、「龍轉乾坤」，最後以「遊龍戲水」收式謝客。過程中，但見茶師手持嘴長一米多銅壺，輾轉騰挪，提壺把盞，或俯或仰，或左或右，或屈或伸，或剛或柔，心到意到，意到氣到，氣到手到，手到壺到，提壺倒杯，壺嘴點茶，不偏不倚，不灑不溢，一一注入杯中，姿態乾淨俐落，有如行雲流水，若非專精苦練，誰能有如此爐火純青，出神入化的功夫？

至於「天風十二品」則是一種茶的沖泡美學。如果說「龍行十八式」是陽剛之氣多於陰柔之美，那麼「天風十二品」就是陰柔之美勝過陽剛之氣了。

作者在二上蒙頂山時，見識了「天風十二品」的沖泡茶藝。茶藝人員一邊講解，一邊演示下，眼見了，耳聞了，鼻嗅了，舌嘗了，身受了，意感了。眼見的是那種金黃剔透的茶色；耳聞的是細細悠悠的注水音聲；鼻嗅的是沁人心脾的茶味茶香，舌嘗的是迴盪唇舌之間的甘醇，身受的是沸水入杯嬝嬝升起烟靄與水氣，意感的是壺裡乾坤，萬法歸宗的意境。只有從眼見、耳聞、鼻嗅、舌嘗、身受、意感中，我們才能真正感悟茶道之美，享受品茗之趣與體用茶禪之髓。

「天風十二品」，說穿了，也是禪茶的十二道過程：

「焚香祀茶祖」──點香：點燃一縷熏香，用以敬祖迎賓。

「聖水滌凡塵」──溫杯：一則可以洗滌纖塵，讓茶具冰清玉潔，同時也溫潤了茶杯，好讓它用溫暖的心涵納茶水。

「玉壺蓄清泉」──蓄水：綠茶的茶葉鮮嫩，不宜用高溫沖泡，故須將煮沸的泉水倒入瓷壺中，待其溫度降至攝氏八十五度左右，用來溫潤「甘露」綠茶，才能保任綠茶的色、香、味。

「碧玉落清江」──賞茶：就在蓄水於瓷壺等待水溫下降之際，讓茶客觀賞茶葉的緊細、曲捲；色澤的明暗、鮮潤，了解茶的歷史，特色，感受一芽一葉的珍貴。

「清宮迎家人」──投茶：宋代茶人有「欲把西湖比西子，從來佳茗似佳人」的詩句，好茶有如風情萬種的佳人，冰清玉潔，不染纖塵，佳茗入杯，恰似晶瑩潔淨的深宮後院，展開雙手迎接佳人的到來一樣。

「甘露潤仙茶」——潤茶：蓄於壺中的沸水，此時大概已降到了最適當的溫度了，可以用來潤茶了，就像甘露灑向人間，不溫不火，讓茶葉溫潤，做好綻放芳香的準備了。

「迎客鳳點頭」——沖水：沖水泡茶講究節奏，沖水時由高而低，由下提上，如此三落三提，猶如鳳凰迎客，三點頭，三敬禮。

「玉女獻香茗」——敬茶：將沖泡好的茶，誠摯恭敬的獻給佳賓，綠茶中有豐富的兒茶素，具有抗氧化作用，是一種絕佳的健康飲品，獻上一杯好茶，象徵著對佳賓健康的祝福。

「綠波蕩雀舌」——候湯：鮮嫩的茶芽嫩葉在熱水的沖泡下緩緩舒展開來，茶水如一汪碧潭，在雲霧裊繞之間蕩漾，茶葉如雀舌般在水中晃動，茶樹將天地菁華濃縮在茶葉中，茶葉又將天地菁華釋放於茶水裡，一卷一舒，一縮一張，這不就是大自然的韻律嗎？或許我們可以從中得到些許感悟。

「茶香沁心脾」——聞香：茶葉沖泡開來了，一股茶香綿綿升起，撲鼻而來，端起茶杯，深深的，長長的吸一口氣，感受茶葉所散發出來的香氣，感受香氣中所隱含的善意，這是一種感人肺腑，沁人心脾的友善訊息，大自然給人類傳達的慈悲與善意。

「色淡味悠長」——品茶：「品」字三個口，代表每個人的口感不一樣，每個人都可以「品」出屬於自己喜歡的味道，從品茗中我們也借此可以了解一個人的風格與品味。所以「品茗」不僅要「品」出茶的體用，也要「品」出自己的格調與風味。通常品茶時，第一口，感受它與眾不同的特有濃淡香氣；第二口，感受頰齒含香，香氣襲人的悠久甘醇；第三口，感受餘甘迴盪，寧靜致遠的茶韻。蒙山對「品」茶也有另一番詮釋：細啜一口，輕咽半口，留下半口順著舌尖輕旋，再沿舌邊徐徐咽下，這就是所謂「喝一口，吞半口，留一口」的品茶訣竅。

「茶融賓主情」——謝茶：茶席結束了，主人把客人的情誼留下，客人把主人的熱忱帶走，一場茶席搭起了賓主盡歡，真誠交流的橋梁，透過茶色、茶香、茶味、茶韻，禪風、禪境，笑談古今，點評人物，抒發理念，互訴衷腸。曲終了，席散了，大家互道珍重，期待一期一會，下次能再把杯話舊。這就是茶品，茶德、茶禮，茶韻，茶趣、茶藝、禪心，禪境，禪茶一味的「天風十二品」。

誰道吾今無往還？

蒙山「禪茶」在陸羽的《茶經》裡並未受到重視，當然也就沒有特殊著墨，《茶經》說：「劍南，以彭州上，綿州、蜀州次，邛州次，雅州、瀘州下，眉州、漢州又下。」也就是說雅州的茶在陸羽的《茶經》裡並未被列為上品，甚至連中品都稱不上。雖然如此，但並無損蒙山茶在唐朝受歡迎的程度。例如：唐代大文豪白居易在《琴茶》詩中就曾這樣說：

兀兀寄形群動內，陶陶任性一生間；
自拋官後春多醉，不讀書來老更閑。
琴裡知聞唯淥水，茶中故舊是蒙山；
窮通行止長相伴，誰道吾今無往還？

意思是說：他一生勞勞碌碌，在紅塵滾滾的人群中，仍能陶然自得，任性自適，仰俯無愧。自從拋去官職，退出浮沉的宦海後，就常常以茶為友，以酒作伴，讀書的時間變少了，閑情逸緻的時間變多了。琴樂中他喜歡聽的是《淥水》的古曲；茶飲中他最鐘意的是有如故舊好友的蒙山禪茶，不論是窮困或通達，不管是行旅在外，或是安居在家，都與蒙山禪茶相知相伴，誰說我現在和這位故舊好友沒往來呢？眾茶之中，白居易獨鍾蒙山茶，可見一般。

又如與白居易同時代的詩人韋處厚在《茶嶺》詩中說：

顧渚吳商絕，蒙山蜀信稀。
千叢因此始，含露紫茸肥。

他把顧渚山的貢茶，與四川蒙頂山的禪茶相提並論，浙江湖州顧渚的綠茶，在唐代被陸羽評為「茶中第一」，而在韋處厚的眼中，顧渚與蒙山則相提並論，可見蒙頂山的禪茶在唐宋時期，知名度之高與受青睞程度之大了。李肇《唐國食補》列舉了天下茗茶也說：「風俗貴茶，茶之名品益眾，劍南有蒙頂石花，或小方或散芽，號為第一。湖州有顧渚之紫筍，東川有神泉、小團，昌明、獸目。」一直到現在「揚子江心水，蒙頂山上茶」，仍然流傳於茶界，顯見「蒙頂山上茶」一直在茶界中佔有重要的一席之地。

柴、米、油、鹽、醬、醋、茶，開門七件事，茶是日常生活事，也是禪機悟入處。一杯茶，一卷書，一縷香，一善友，相對品茗問心，「古今多少事，都付笑談中」，未嘗不是人生一大快事。「春有百花秋有月，夏有涼風冬有雪」，不管是竹影掃階的夜裡，松風吹涼的白天，殘霞晚照的黃昏，月圓月缺的庭院，都是品茗悟禪的好時節，好去處。

詩人白航《蒙山品茶》這樣說：

一千年歲月的甘苦，

溶進一杯茶水裡。
一千年雲霧的變幻，
凝在一縷茶色中。
一千年春的芬芳，
留在我的舌尖上。

那是茶和人的生命交融，是千年精靈的蘊育和現在紅塵的邂逅；是歷史歲月的記憶，是雲霧與春芳煥發出來的茶魂，也是大自然與人無語的對話。時與空靜止了，古與今凝結了，茶與人在舌尖交會了。

淡淡的，淡如一縷春色，
一脈烟雨，一籠雲霞。

淡淡的，淡如君子之交，

一點靈犀，一絲牽掛。

淡而能品，品——

悠悠的歲月，古老的文化。

品難得的清醒與透澈，

品個中的微妙與複雜。

就是這樣有如春色的淡，才能雲淡風輕；就是這樣的淡，才能高風亮節；就是這樣的淡，才能將茶性與人性相互濡染，將茶品與人品渾然熔鑄；就是這樣的淡，才能將禪悟與茶趣蔚為一味。

體察了茶趣，覺知了禪味，無論何時，無論何處，都可以伴隨茶香，與明月促膝，和星辰長談。孤獨寂寥時，可以泡一杯金黃茶色，與唐詩對吟，與宋詞唱和；也可以在茶韻中靜閱佛經，參悟禪理；更可以在史書裡敲開秦磚漢瓦，重溫逐漸隱晦而去的歷史記憶，將淡淡的茶韻禪境融入我們的內心深處，體悟茶思中的哲理，留下一段天地凝注的脈脈幽香。甘也罷，苦也罷，紅塵的紛紛擾擾，都一起放下，「萬古長空，一朝風月」，讓我們隨著趙州從諗禪師一起「喫茶去！」

「擊鼓催春」茶文化

——茶道美學之昇華

茶文化在唐宋固然盛極一時，明清亦不遑多讓，時至今日，不管海峽兩岸政治如何紛紛擾擾，但茶文化的加深加廣都無兩樣。

台灣茶文化已儼然成為一種特殊的生活方式，不僅是文人雅士品茗成風，即使是一般平民百姓，對茶的品嘗亦頗為講究。

在中國大陸，品茶之風也有漸吹漸盛之勢，只要人民所得提升了，老百姓變得有錢了，除基本的溫飽外，老百姓也開始講求生活的品味了。「寒夜客來茶當酒」，固然一樂；「閒來品茗共話舊」何嘗不也是一樂。

最近看到一則「擊鼓催春」的報導，讓我們更體會古人對茶文化雅緻化的另一面。該則新聞報導的大意是：中國杭州西湖國際茶文化博覽會每年均盛大舉行，在長達三個禮拜的時間內，依序安排了一序列活動，在「西湖龍井開茶節」的第一個節目，就有「擂鼓激春」這一項，三十六面大鼓在大茶園的翠綠叢中一字排開，十二位鼓手站在大鼓前，擂鼓激春，催生茶苗。

「擂鼓激春」儀式，是從那一個朝代開始的，我們沒有做過深入研究，不敢亂下斷語，但宋朝名士歐陽修在宋嘉祐三年（一〇五八年）給他老友梅堯臣的〈嘗新茶呈聖俞〉敍及：

年窮腊盡春欲動，蟄雷來起驅龍蛇。
夜聞擊鼓滿山谷；千人助叫聲喊呀。
萬木寒痴睡不醒，惟有此樹先萌芽。

乃知此為最靈物，宜其獨得天地之英華。

文中很鮮活地描述了宋朝嘉祐年間建州建安北苑御用茶園開茶儀式的情形。

而梅堯臣也有一首《宋著作寄鳳茶》，詩云：

春雷未出地，南土物尚凍。
呼噪助發生，萌穎強抽蕻。

詩中也表達了茶農在春雷未鳴之前，千人群集茶山，鼓噪呼喊，為的就是要驚醒「寒痴睡不醒」的萬木，讓最為靈物的茶樹先萌綠翠，強抽發芽。

也是宋朝時人的黃庭堅在《踏莎行》中亦云：

畫鼓催春，蠻歌走響，兩前一焙誰爭長。

低株摘盡到高株，株株別是閩溪樣。

這是黃庭堅在宋紹聖四年（一〇九七年）謫貶黔州所作，詩中生動地反映了黔州茶鄉的摘茶民俗。黃庭堅的詞與歐陽修的詩，在時間上相差了近四十年，而在地域上也相差了數千里，但「擂鼓激春」的摘茶民俗似無兩樣。這種發自內心對於茶山的恭敬虔誠，用「畫鼓催春，蠻歌走響」的歡愉形式，表達了祈請群山諸茶爭萌抽芽的祝願，這樣的心緒，這樣的意境，這樣的自然唱和，確實可以入詩，也可以入畫。

「畫鼓激春」的開茶儀式，又稱「喊山」。所謂「喊山」就是對著廣衰的茶山鳴鼓呼喊的意思。至於「喊山」的動機和作用，古人曾有兩種不同的看法。比較富於詩情畫意的，就是歐陽修與黃庭堅等文人的「畫鼓激春」的浪漫觀點，他們把茶樹擬人化了，茶樹有靈，它們冬眠不醒，所以人們擊鼓吶喊，用來「喚醒寒痴睡不醒」的萬木；另一種看法就認為採茶時節，採茶男女人數眾多，非有號令，無法一致作息，所以就用鑼鼓做為作息號令，並不是為「激春」而喊山。

喊山開茶　古有明證

例如南宋胡仔的《苕溪漁隱叢話》就曾針對歐陽修「擊鼓喊春」的說法提出異議。他說：「余官於富沙凡三春，備見北苑造茶，但其地暖，才驚蟄，茶芽已長寸許，初無擊破喊山之事，永叔與文昌所紀，皆非也。」對「擂鼓催春」的說法持保留態度。又如南宋趙汝礪《北苑別錄》記載：

「採茶之法，須是清晨，不可見日。清晨則露未晞，茶芽肥潤。見日則為陽氣所薄，使芽之膏腴內耗，至受水而不鮮明」。因為採茶為了保持它的鮮嫩肥潤，必須在天未明，日昇之前採摘。「故每日常以五更撾鼓，集群夫於鳳凰山（山有打鼓亭）。監採官，人給一牌入山，至辰刻復鳴鑼以聚之，恐其逾時貪多務得也。」趙汝礪的說法也呼應了胡仔的觀點。

但堅持「話鼓催春」的文人雅士，還是舉證歷歷。認為胡仔等人「俱是南宋詩人，世易時移，安知北宋時人龐元英、歐陽修所言之必誣也。」他們更指出明代徐火勃《武夷茶考》記載：「喊山者，每當仲春驚蟄日，縣官詣茶場致祭畢，隸卒鳴金，擊鼓同聲喊曰：茶發芽。」另外較徐火勃更早的元代，當時的人在武夷山就曾建有「喊山台」，而元朝人諳都刺在他所寫的《喊山台記》中說：「驚蟄喊山，循彝典也。」

意思就是說每年驚蟄之前的喊山開茶儀式，是遵循著古時已有的典章制度而行的。這些都足以證明，不僅元明兩代有「擂鼓激春」的喊山儀式，而這項儀式，至少可溯到宋代。

其實倡導茶文化的重點，不在於考據茶文化典故的有無，而在於讓茶文化更庶民化，更休閒化，更精緻化，更詩意化，讓茶文化的人文意涵更豐富化，更加值化。中國大陸「擂鼓激春」茶文化的提倡，而台灣茗茶名聞兩岸，享譽國際，如果我們也能在茶文化上，加多些創意，多用些心思，多點歷史上的著墨，多作些美學上的昇華，多一些與民俗風情的貼近，無論是採茶時的山歌對唱，製茶時的梵音嬝繞，品茶時的靜心攝念，茶具茶席的精心設計，都能營造出台灣茶文化特有的人文涵養，讓台灣的茶道美學更加璀璨，讓台灣的茶韻禪境更顯風華。

國家圖書館出版品預行編目資料

禪茶三昧 / 王端正著.
-- 初版. -- 臺北市：經典雜誌，慈濟傳播人文志業基金會，2015.02
314面；15 x 21公分

ISBN：978-986-6292-59-0（平裝）

1.禪宗 2.茶藝 3.佛教修持

226.65 104000411

禪茶三昧

作　　者／王端正
發 行 人／王端正
總 編 輯／王志宏
責任編輯／朱致賢
美術指導／邱金俊
內頁排版／極翔企業有限公司
校　　對／王端正、朱致賢、洪婉恬（實習）
出 版 者／經典雜誌
財團法人慈濟傳播人文志業基金會
地　　址／台北市北投區立德路二號
電　　話／（02）2898-9991
劃撥帳號／19924552
戶　　名／經典雜誌
製版印刷／禹利電子分色有限公司
經 銷 商／聯合發行股份有限公司
地　　址／新北市新店區寶橋路235巷6弄6號2樓
電　　話／（02）2917-8022
出版日期／2015年2月初版一刷
2015年12月三版一刷
定　　價／新台幣330元

ISBN 978-986-6292-59-0
Printed in Taiwan